Duden

Crashkurs Grammatik

Das Übungsbuch für
Ausbildung und Beruf

4., aktualisierte Auflage

Dudenverlag
Berlin

Redaktionelle Leitung: Dr. Melanie Kunkel
Redaktion: Dr. Anja Steinhauer
Text: Dr. Anja Steinhauer
Umschlaggestaltung: 2issue, München
Umschlagabbildung: Bleistift (Hayati Kayhan/Shutterstock.com)
Layout: Horst Bachmann, Weinheim
Satz: Sigrid Hecker, Eppingen

www.duden.de
www.cornelsen.de

1. Auflage, 4. Druck 2025

Alle Drucke dieser Auflage sind inhaltlich unverändert und können im Unterricht nebeneinander verwendet werden.

Druck: AZ Druck und Datentechnik GmbH, Kempten

ISBN 978-3-411-73964-6

PEFC
PEFC/04-31-2260

PEFC-zertifiziert
Dieses Produkt stammt aus nachhaltig bewirtschafteten Wäldern und kontrollierten Quellen
www.pefc.de

Inhalt

1 Das Verb (Tätigkeitswort)

Das Verb ist der Kern des Satzes.
Es bezeichnet eine Handlung, einen Vorgang oder einen Zustand und wird kleingeschrieben. Die Grundform des Verbs bezeichnet man als Infinitiv.

Handlung: schreiben, buchen, fahren
Vorgang: verlieren, vergessen, erinnern
Zustand: sein, ruhen, stehen

Außer dem Infinitiv gibt es zwei weitere Verbformen, die nicht nach der Person bestimmt werden:
- das Partizip Präsens und
- das Partizip Perfekt.

Das **Partizip Präsens (Partizip I)** entsteht durch das Anhängen von *-d* an den Infinitiv des Verbs.

Infinitiv: zahlen
Partizip Präsens: zahlen**d**

Das Partizip Präsens wird häufig wie ein Adjektiv verwendet.

Er empfing die **zahlenden** Gäste.

Das **Partizip Perfekt (Partizip II)** bezeichnet ein Geschehen, das bereits beendet ist. Es wird in der Regel auf *-t* oder *-en* sowie meist mit der Vorsilbe *ge-* gebildet. Es gibt jedoch auch unregelmäßige Bildungen.

gerede**t, ge**schrieb**en, ge**zahl**t**
gebund**en, ge**sproch**en,** studier**t**

Das Partizip Perfekt wird zur Bildung der Zeitformen Perfekt, Plusquamperfekt und Futur II sowie für die Passivformen benötigt.

Perfekt: ich habe gezahlt
Plusquamperfekt: ich hatte gezahlt
Futur II: ich werde gezahlt haben
Passiv: Das Geld wird gezahlt.

Auch das Partizip Perfekt kann wie ein Adjektiv verwendet werden.

Er empfing die **geladenen** Gäste.

Person und Numerus (Zahl)

Die meisten Verben enden im Infinitiv auf *-en*, wenige auf *-rn* oder *-ln*.
Wenn man die Endung *-en* bzw. *-n* vom Infinitiv streicht, erhält man den **Wortstamm.**

falten, lesen, wandern, ändern, hobeln, lächeln

falt-en, **les**-en, **wander**-n, **änder**-n, **hobel**-n, **lächel**-n

Verben kommen nicht nur im Infinitiv vor, sondern auch in gebeugten (konjugierten) **Personalformen.**

Man bildet sie, indem man die **Personalendung an den Stamm** hängt.
An der Personalform erkennt man z. B.
- Person (**Wer** tut etwas?)
- Numerus (Zahl: **Wie viele** tun es?)
- Tempus (Zeit: **Wann** geschieht es?)

Personalendungen:
1. Pers. Singular (Einzahl): ich schreib-**e**
2. Pers. Singular: du schreib-**st**
3. Pers. Singular: er / sie / es schreib-**t**
1. Pers. Plural (Mehrzahl): wir schreib-**en**
2. Pers. Plural: ihr schreib-**t**
3. Pers. Plural: sie schreib-**en**

Tempus (Zeit)

Das Tempus des Verbs zeigt an, wann etwas passiert. Es gibt die Zeitstufen
- **Gegenwart:** Präsens
- **Vergangenheit:** Präteritum, Perfekt, Plusquamperfekt
- **Zukunft:** Futur I, Futur II

Präsens und Präteritum sind **einfache Zeitformen.**

Perfekt, Plusquamperfekt, Futur I und Futur II nennt man **zusammengesetzte Zeitformen,** weil sie ein Hilfsverb *(sein, haben, werden)* (↑S. 10) benötigen.

Präsens: ich suche
Präteritum: ich suchte
Perfekt: ich habe gesucht
Plusquamperfekt: ich hatte gesucht
Futur I: ich werde suchen
Futur II: ich werde gesucht haben

Das **Präsens** bezeichnet
- etwas, das sich gerade ereignet,
- Aussagen, die allgemeingültig sind,
- etwas Zukünftiges, wenn dies aus dem Zusammenhang klar wird.

Ich **lese** ein Buch.
Lesen **bildet.**
Morgen **gehe** ich ins Büro.

Es wird gebildet mit dem Wortstamm und den Personalendungen.

Wortstamm + Personalendung: geh-e

Das **Präteritum** bezeichnet ein abgeschlossenes vergangenes Geschehen. Weil es häufig beim Erzählen verwendet wird, nennt man es auch Erzähltempus.

Der Unfall **ereignete** sich auf schneeglatter Straße.
Die Kundin **schaute** den Verkäufer überrascht an.

Das **Perfekt** bezeichnet oft ein Geschehen, das zwar in der Vergangenheit abgeschlossen ist, dessen Folgen aber bis in die Gegenwart reichen.

Ich **bin befördert worden.**
(Folge: Jetzt verdiene ich mehr.)
Ich **habe** meine Unterlagen **vergessen.**
(Folge: Ich kann mich nicht vorbereiten.)

Man bildet es mit einer konjugierten Form von *haben* oder *sein* im Präsens + Partizip Perfekt.

Ich habe kassiert.
Ich bin gegangen.

Das **Plusquamperfekt** bezeichnet ein Geschehen, das noch vor den in der Vergangenheit erzählten Ereignissen liegt. Diese Vorzeitigkeit drückt es in Verbindung mit dem Präteritum aus.

Als mein Kollege endlich kam, **waren** die meisten Gäste schon wieder **gegangen.**

Man bildet es mit einer konjugierten Form von *haben* oder *sein* im Präteritum + Partizip Perfekt.

Ich hatte kassiert.
Ich war gegangen.

Das **Futur I** bezeichnet ein Geschehen, das in der Zukunft liegt.

Es wird gebildet mit einer Form des Hilfsverbs *werden* und dem Infinitiv des Vollverbs.

Am kommenden Freitag **werde** ich mir einen Tag **freinehmen.**
Ich **werde** einen Kurzurlaub **machen.**

Das **Futur II** bezeichnet ein Geschehen, das in der Zukunft als bereits abgeschlossen angesehen wird.

Wenn die anderen noch schlafen, **werde** ich schon meine ersten Runden **gedreht haben.**

Es wird gebildet mit den Futurformen der Hilfsverben *haben* oder *sein* und dem Partizip II.

Und wenn sie dann endlich aufstehen, **wird** für mich schon alles **gelaufen sein.**

Modus (Aussageweise)

Verben können so verändert werden, dass sie eine Einstellung zum Geschehen ausdrücken, etwa ob etwas eine reale Tatsache, eine Möglichkeit, ein Wunsch oder eine Aufforderung ist. Diese Aussageweisen **(Modi,** Singular: **Modus)** nennt man

- Indikativ (Wirklichkeitsform),
- Konjunktiv (Möglichkeitsform),
- Imperativ.

Indikativ (= Tatsache):
Die Kollegin ist in Urlaub gefahren.

Konjunktiv (= Möglichkeit):
Die Kollegin könnte im Urlaub sein.

Imperativ (= Aufforderung):
Fahr endlich mal in Urlaub!

Der **Indikativ** ist die Normalform sprachlicher Äußerungen. Er drückt aus, dass ein Sachverhalt gegeben ist.

Ein Tag **hat** 24 Stunden.
Rom **ist** die Hauptstadt Italiens.

Der **Imperativ** drückt eine Bitte oder eine Aufforderung aus. Im Singular gibt es endungslose Formen und solche mit der Endung *-e*.
Achtung: Verben mit Wechsel von *-e-* zu *-i-* bilden auch den Imperativ auf *-i-*.

Schreib das mit! **Achte** auf die Zahlen!
Schreibt das mit! **Achtet** auf die Zahlen!
Schreiben Sie das mit! **Achten** Sie auf die Zahlen!
sprechen: du sprichst → **Sprich** mit ihm!
geben: du gibst → **Gib** mir die Akte!

Der **Konjunktiv** drückt aus, dass etwas nicht als tatsächlich gegeben angesehen wird, sondern als unterstellt, als behauptet, als möglich, als irreal oder als nicht entscheidbar.
Es gibt zwei Konjunktivformen.

Man folge ihm.
Ihm war, als habe er lange geschlafen.
Sie wirkte, als sei / wäre sie betrunken.
Ich wünschte, ich wäre dort.
Wenn ich Zeit hätte, käme ich auch.
Wenn sie doch auch hier wäre.

Der **Konjunktiv** I wird vor allem in der indirekten Rede verwendet.
Außer in der indirekten Rede findet man ihn gelegentlich als Ausdruck des Wunsches und der Aufforderung.
Auch in festen Wendungen und in der Fachsprache der Mathematik ist der Konjunktiv I noch üblich.

Er sagte, er **sei** glücklich.
Sie behauptete, es **gehe** ihr gut.
Er **ruhe** in Frieden.
Man **nehme** 250 g Butter.

Wir machen das so, es **sei** denn, ...
Gegeben **sei** das Dreieck ABC.

Der Konjunktiv I wird gebildet, indem man an den **Präsensstamm** die Endungen *-e, -est, -e, -en, -et, -en* anhängt.
Die Formen des Konjunktivs I gibt es im Präsens (1), im Perfekt (2) und im Futur (3).

ich sag-e, du sag-est, er / sie / es sag-e
wir sag-en, ihr sag-et, sie sag-en

(1) Er sagt, er habe gute Laune.
(2) Er sagt, er habe gute Laune gehabt.
(3) Er sagt, er werde gute Laune haben.

Den **Konjunktiv II** gebraucht man, wenn
- etwas nicht wirklich der Fall ist,
- etwas vorstellbar ist,
- man sich etwas wünscht sowie
- in höflichen Aufforderungen.

Er tut so, als wäre er glücklich.
Ich könnte mit dem Lieferwagen fahren.
Hätte ich doch Urlaub!
Hätten Sie einen Moment Zeit?

Der Konjunktiv II wird gebildet, indem an den **Präteritumstamm** die Endungen *-e, -est, -e, en, -et, -en* angehängt werden. (Zur Ersatzform mit *würde* ↑ Praxistipp S. 17). Bei starken Verben wird der Stammvokal zu einem Umlaut.

gehen → Präteritumstamm: **ging-**
ich ging-e, du ging-est, er ging-e,
wir ging-en, ihr ging-et, sie ging-en

ich käm-e, du käm-est, er käm-e,
wir käm-en, ihr käm-et, sie käm-en

Aktiv und Passiv

Als **Genus Verbi** (Plural: Genera Verbi) bezeichnet man die Verhaltensrichtung des Verbs: das Aktiv und das Passiv.

Man benutzt das **Aktiv**, wenn derjenige, der etwas tut (Handlungsträger), im Mittelpunkt des Interesses steht.

Der Geschäftsführer bereitete das Meeting sehr sorgfältig vor.

Man benutzt das **Passiv,** wenn die Handlung oder der Vorgang selbst im Vordergrund steht, wenn es gleichgültig erscheint oder nicht genau zu sagen ist, wer handelt.	Das Meeting wurde sehr sorgfältig vorbereitet. Am Sonntag wurde in unsere Filiale eingebrochen.
Die Passivformen werden gebildet aus der **konjugierten Form des Hilfsverbs *werden*** und dem **Partizip II.**	ich werde gelobt, du wirst gelobt, er / sie / es wird gelobt, wir werden gelobt, ihr werdet gelobt, sie werden gelobt
Passivformen gibt es in allen Zeiten: ■ Präsens ■ Perfekt ■ Präteritum ■ Plusquamperfekt ■ Futur I ■ Futur II	 du wirst befördert du bist befördert worden du wurdest befördert du warst befördert worden du wirst befördert werden du wirst befördert worden sein
Einige Verben können keine Passivformen bilden, zum Beispiel ■ Verben, die mit dem Reflexivpronomen *sich* verbunden werden, ■ Verben, die ihr Perfekt mit *sein* bilden.	 Der Kollege kauft sich Aktien. Die Beteiligten sind alle pünktlich gekommen.
Man unterscheidet zwischen dem Vorgangs- und dem Zustandspassiv. ■ Das **Vorgangspassiv** beschreibt einen Vorgang oder eine Handlung. Es wird gebildet mit der konjugierten Form von ***werden*** und dem Partizip II. ■ Das **Zustandspassiv** beschreibt einen Zustand oder ein Ergebnis. Es wird gebildet mit der konjugierten Form von ***sein*** und dem Partizip II.	 Der Schalter wird geöffnet. Der Antrag wurde abgelehnt. Der Schalter ist geöffnet. Der Antrag war bereits abgelehnt.
In einem Passivsatz kann auf die Angabe des Handlungsträgers verzichtet werden, ■ wenn man ihn nicht kennt, ■ wenn man geheim halten will, wer für etwas verantwortlich ist, oder ■ wenn es unwichtig ist, wer etwas tut. Man spricht dann von einem **täterlosen Passiv** (im Aktiv stünde *man* als Subjekt: „Man verarbeitet die Zutaten ...“).	 Das Protokoll ist nicht kopiert worden. Die Unterlagen sind heimlich weitergegeben worden. Die einzelnen Zutaten werden zu einer locker-cremigen Füllung verarbeitet.

Soll der Handlungsträger genannt werden, kann er mit den Präpositionen *durch* oder *von* eingefügt werden. Man spricht dann von einem **täterabgewandten Passiv.**

Die Motortechnik ist **durch** einen Experten gründlich überprüft worden.
Die Abteilung ist **von** ihrer Chefin zur Weihnachtsfeier eingeladen worden.

Hilfsverben und Modalverben

Verben lassen sich je nach ihrer Selbstständigkeit im Satz in Vollverben, Hilfsverben und Modalverben unterteilen. Alle Verben, die im Satz sinnvoll allein stehen können, sind **Vollverben.**

Ich **gehe.** Sie **zahlt.**

Die **Hilfsverben** *sein, haben* und *werden* dienen dazu, bestimmte Zeitformen sowie das Passiv zu bilden.

Ich **bin gegangen.**
Ich **habe gearbeitet.**
Ich **werde gemobbt.**

Achtung: Diese Verben können auch selbstständig als Vollverben gebraucht werden!

Ich **bin** Abteilungsleiterin.
Ich **habe** eine gut dotierte Stelle.
Ich **werde** Programmierer.

Die Verben *wollen, sollen, müssen, dürfen, können* und *mögen* gehören zur Gruppe der **Modalverben.** Sie können mit dem Infinitiv eines anderen Verbs verbunden werden.

Ich **muss** gehen.
Können wir uns morgen treffen?
Wir **wollen** in die Kantine gehen.
Darf ich rauchen?

Modalverben drücken verschiedene Sprechabsichten aus, z. B.
- einen Befehl oder Auftrag (1),
- eine Absicht oder einen Wunsch (2),
- eine Erlaubnis oder ein Verbot (3),
- eine Möglichkeit oder Fähigkeit (4).

(1) Sie muss ihr Büro räumen.
Ich soll Protokoll schreiben.
(2) Wir wollen nachher ins Kino gehen.
Ich möchte lieber Eis essen.
(3) Morgen darf er freinehmen.
Sie dürfen hier nicht rauchen.
(4) Rebecca kann Klavier spielen.

Die Modalverben können auch allein das Prädikat eines Satzes bilden. Oft kann man sich dann einen Infinitiv hinzudenken.

Der Chef muss in die Sitzung.
→ Der Chef muss in die Sitzung gehen.
Kannst du gut Englisch?
→ Kannst du gut Englisch sprechen?

1.1 Person und Numerus (Zahl)

1 Bestimmen Sie die Person und den Numerus der folgenden Personalformen.

	Person	Numerus
a) wir gehen	___	___
b) sie kassiert	___	___
c) ihr segelt	___	___
d) sie bauen	___	___
e) ich grabe	___	___
f) du telefonierst	___	___

2 Bilden Sie von den angegebenen Infinitiven die entsprechenden Personalformen.

a) schreiben (3. Person Plural) ___

b) mailen (2. Person Plural) ___

c) hören (1. Person Singular) ___

d) arbeiten (3. Person Singular) ___

e) gähnen (1. Person Plural) ___

f) berechnen (2. Person Singular) ___

3 Bestimmen Sie die Verbformen.

a) ihr seid gewesen: Perfekt, 2. Person Plural

b) du hattest geschwiegen: ___

c) wir lachen: ___

d) er schwieg: ___

e) ich werde kommen: ___

f) sie werden genommen haben: ___

g) sie hat gesungen: ___

1.2 Tempus (Zeit)

4 Entscheiden Sie, ob es sich um ein zukünftiges (Z) oder ein gegenwärtiges (G) Geschehen handelt. Tragen Sie die entsprechenden Abkürzungen ein.

a) Morgen werde ich meine Kollegin Nicola wiedersehen. ______

b) Morgen komme ich wieder. ______

c) Die Wiedersehensfreude ist groß. ______

d) Sie sehen sich im nächsten Jahr wieder. ______

e) Wir wünschen Ihnen eine angenehme Reise. ______

5 Setzen Sie im folgenden Text die Verben aus dem Wortspeicher in den richtigen Zeitstufen und Personalformen ein. Beginnen Sie mit dem Präsens.

planen • sitzen • wissen • kommen • reisen • lassen • schwärmen • erwarten • werden • fahren • sein • sehen • gefallen • träumen • vorstellen • gehen

Anton ______________ am See, ______________ seine Beine im warmen Wasser baumeln und ______________ von seinem nächsten Urlaub: „Diesen Sommer ______________ ich den Urlaub besser ______________! Letztes Jahr ______________ ich einfach zu spät ______________. Da ______________ die besten Plätze natürlich schon weg." Gesagt, getan. Gespannt ______________ er ins nächste Reisebüro, wo ihn eine freundliche Dame bereits ______________. „______________ Sie doch nach Mallorca. Sie ______________ ______________. Das ______________ Ihnen sicher ______________! Ich selbst ______________ letztes Jahr dorthin ______________ und ______________ noch heute von dieser Insel!"

Doch Anton ______________ nicht so recht. Mallorca, da ______________ er sich doch etwas anderes ______________. Also ______________ es wohl doch wieder eine Reise an die Nordsee ______________.

PRAXISTIPP **Die Zeitform im Protokoll**

Die Zeitform, die man im Protokoll verwendet, ist die Gegenwartsform. Auch wenn das in der Konferenz Gesagte schon vergangen ist, wenn das Protokoll formuliert wird, benutzt man das Präsens.

Es soll damit die Genauigkeit des Protokolls betont werden, denn man hat ja mitgeschrieben, während die Anwesenden gesprochen haben.

Frau Schulz betont, dass ... / Herr Meier ist der Meinung, dass ...

6 Ordnen Sie die Personalformen des Textes aus Übung 5 den Zeitformen zu.

a) Präsens: ______

b) Präteritum: ______

c) Perfekt: ______

d) Futur I: ______

e) Imperativ: ______

7 Schreiben Sie aus dem Text alle konjugierten Verben heraus und geben Sie jeweils den Infinitiv an.

Daidalos und Ikaros

Daidalos war ein großer Baumeister und Bildhauer in Athen. Er duldete aber keinen anderen Meister neben sich. Auch seinen Neffen, den er selbst unterrichtet hatte, sah er als Gegner an. Als dieser sich anschickte, ebenfalls ein großer Baumeister zu werden, brachte Daidalos seinen Neffen um. Nur durch seine Flucht nach Kreta, wo der König Minos regierte, konnte er seiner Hinrichtung in Athen entgehen. Für Minotaurus, das furchtbare Ungeheuer in der Gestalt eines Menschen und mit dem Kopf eines Stiers, baute er das sagenumwobene Labyrinth, in dem das Ungetüm von da an lebte.

Konjugiertes Verb	Infinitiv	Konjugiertes Verb	Infinitiv

8 Formulieren Sie die folgende Zeugenaussage über einen Unfall zu einem Bericht für Ihren Newsletter um. Dazu müssen Sie das Perfekt ins Präteritum umwandeln.

Ich bin gerade aus der Firma gekommen und habe mich noch mal nach dem Kollegen Fabian umgeschaut. Deshalb habe ich das herankommende Auto auch erst gar nicht bemerkt. Natürlich bin ich an der roten Ampel stehen geblieben. Da habe ich plötzlich gemerkt, dass hinter mir irgendwelche Schulkinder angefangen haben zu drängeln. Ich bin natürlich gleich auf die Seite gegangen, aber irgendwie hat's einer nicht mehr geschafft, sich zu halten, und ist auf die Straße geschubst worden. Und da ist das Auto gekommen ...

9 Vervollständigen Sie die Tabelle.

Präsens	Perfekt	Futur II
		wir werden geschlossen haben
	ihr seid gekommen	
	du bist gewesen	
ich rufe		
		sie werden gesprochen haben

PRAXISTIPP Stammformen

Der Infinitiv (Grundform), das Präteritum und das Partizip Perfekt bilden die sogenannten Stammformen des Verbs. Von diesen drei Formen lassen sich im Deutschen alle anderen Formen des Verbs ableiten.

rechnen → rechnete → gerechnet   gehen → ging → gegangen

10 Bilden Sie die Stammformen und den Konjunktiv II zu folgenden Infinitiven. *Achtung:* Viele wichtige Verben haben unregelmäßige Formen.

	Infinitiv	1. Pers. Sg. Prät.	Partizip Perfekt	3. Pers. Sg. Konj. II
a)	kalkulieren			
b)	kommen			
c)	sein			

1.3 Modus (Konjunktiv und Imperativ)

11 Holen Sie aus jedem Wortspeicher ein Element und bilden Sie daraus die Personalformen des Konjunktivs I zum Verb *fragen*.

ich du er / sie / es wir ihr sie	frag-	-est -en -et -e -en -e

______________________ ______________________

______________________ ______________________

______________________ ______________________

12 Bilden Sie den Indikativ und den Konjunktiv I der Gegenwart von *gehen*.

Indikativ Präsens		**Konjunktiv I Präsens**	
ich ________	wir ________	ich ________	wir ________
du ________	ihr ________	du ________	ihr ________
er ________	sie ________	er ________	sie ________

13 In welchen Tempustypen gibt es den Konjunktiv I? Bilden Sie für jede Tempusform einen Beispielsatz und schreiben Sie das Tempus in die Klammern.

a) Er sagt: „Ich habe zu viele Überstunden."

Er sagt, er ______________________ (______________)

b) Er sagt: „Ich hatte zu viele Überstunden."

Er sagt, ______________________ (______________)

c) Er sagt: „Ich werde zu viele Überstunden haben."

Er sagt, ______________________ (______________)

PRAXISTIPP **Der Konjunktiv I der Vergangenheit**

Im Indikativ gibt es drei Vergangenheitstempora: Präteritum, Perfekt und Plusquamperfekt. Für alle drei Vergangenheitsformen verwendet man in der indirekten Rede den Konjunktiv I Perfekt. Er wird gebildet mit dem Konjunktiv von *haben* oder *sein* und dem Partizip Perfekt.
Der Konjunktiv II ist hier falsch; er hat nichts mit der Vergangenheit zu tun.

Sie sagt: „Tom kündigte." (Präteritum) → Sie sagt, er habe gekündigt.
Sie sagt: „Tom hat gekündigt." (Perfekt) → Sie sagt, er habe gekündigt.
Sie sagt: „Tom hatte gekündigt." (Plusquamperf.) → Sie sagt, er habe gekündigt.

14 Stehen die Verben der dass-Sätze im Indikativ, Konjunktiv I oder Konjunktiv II? Schreiben Sie die Lösung hinter den Pfeil. Erklären Sie dann die Aussagen der einzelnen Sätze.

a) Die Kollegin weiß, dass der Azubi in der Berufsschule ist. → ____________

Der Satz bedeutet, dass ____________

b) Sie behauptet, dass der Azubi in der Berufsschule sei. → ____________

Der Satz bedeutet, dass ____________

c) Sie sagt, dass der Azubi sonst in der Berufsschule wäre. → ____________

Der Satz bedeutet, dass ____________

d) Sie weiß, dass der Azubi in der Berufsschule war. → ____________

Der Satz bedeutet, dass ____________

15 Vervollständigen Sie die folgenden Sätze der indirekten Rede, indem Sie das Prädikat im Konjunktiv ergänzen (zu möglichen Ersatzformen ↑ Praxistipp S. 17).

a) Mein Kollege sagt, er ____________ (lesen) am liebsten Akten.
b) Er sagt, die anderen ____________ (können) das nicht verstehen.
c) Er sagt, sie ____________ (haben) andere Lieblingslektüren.
d) Er sagt, sie ____________ (lesen) am liebsten den Newsletter.
e) Er sagt, schließlich ____________ (haben) jeder seinen eigenen Geschmack.
f) Er sagt, dies ____________ (sein) auch gut so.

16 Der Azubi muss den Meister fragen. Setzen Sie die Fragen des Autofahrers in die indirekte Rede, verwenden Sie Hauptsätze im Konjunktiv.

Beispiel: Autofahrer: „Können Sie das Auto reparieren?“

Azubi zum Meister: „Der Kunde fragt, ob wir das Auto reparieren können / könnten.“ *(Konjunktiv II als Ersatz für Konjunktiv I, ↑ Praxistipp unten.)*

a) „Muss das Ersatzteil bestellt werden?“

Der Kunde fragt, ob ______________________________

b) „Wie lange benötigen Sie für die Bestellung?“

Er fragt, ______________________________

c) „Kann ich einen Ersatzwagen erhalten?“

Er fragt, ______________________________

d) „Wie teuer wird die gesamte Reparatur?“

Er fragt, ______________________________

e) „Zahlt die Versicherung den Schaden?“

Er fragt, ______________________________

f) „Rufen Sie mich an, wenn der Wagen fertig ist?“

Er fragt, ______________________________

PRAXISTIPP **Beispiel Protokoll: Der Konjunktiv und seine Ersatzformen**

In der geschriebenen Sprache, etwa beim Abfassen von Protokollen, steht die indirekte Rede im Konjunktiv I:

Frau Maier beschwert sich, die Kollegin lässt sie nicht in Ruhe arbeiten.
→ Frau Maier beschwert sich, die Kollegin **lasse** sie nicht in Ruhe arbeiten.

Wenn sich die Konjunktiv-I-Form nicht vom Indikativ unterscheidet (das ist in der 1. Person Singular Präsens sowie der 1. und 3. Person Plural Präsens der Fall), kann als **Ersatz die Konjunktiv-II-Form** gewählt werden:

Frau Maier beschwert sich, wir lassen sie nicht in Ruhe arbeiten.
→ Frau Maier beschwert sich, wir **ließen** sie nicht in Ruhe arbeiten.

Auch für die Konjunktiv-II-Form gibt es einen Ersatz, denn sie ist oft mit der Indikativ-Präteritum-Form identisch; dann wählt man die ***würde*-Form.**

Die Chefs betonen, sie rechneten mit steigenden Zinsen.
→ Die Chefs betonen, sie **würden** mit steigenden Zinsen **rechnen**.

17 Vervollständigen Sie die Sätze durch die Ausdrücke aus dem Wortspeicher und verwenden Sie dabei den Konjunktiv II.

den Mann schon einmal irgendwo gesehen haben • auf dem Spiel stehen • das Schlimmste noch vor sich haben • aus Seide sein • diese Arbeit zum ersten Mal machen

a) Die Tapete fühlt sich an, als ______________________.

b) Es sieht ganz danach aus, als ob wir ______________________.

c) Du stellst dich ja an, als ______________________.

d) Er führt sich auf, als ob sein guter Name ______________________.

e) Mir ist, als ______________________.

18 Im Workshop werden die Mitarbeiterinnen und Mitarbeiter nach ihren Träumen von einer besseren Welt gefragt. Setzen Sie die folgenden Sätze in den Konjunktiv II, um auszudrücken, dass es sich um Unwirkliches handelt.

a) „Keiner muss arbeiten."

____

b) „Alle haben genug zu essen."

____

c) „Den ganzen Tag kann man faulenzen."

____

d) „Alle bleiben ewig jung, niemand wird krank."

____

e) „Müdigkeit und Erschöpfung kommen nicht vor."

____

f) „Jeden Tag scheint die Sonne."

____

g) „Natur und Technik sind in Einklang miteinander."

____

19 Konjugieren Sie das angegebene Verb jeweils im Konjunktiv I und Konjunktiv II.

	Konjunktiv I	Konjunktiv II
a)	ich frage ______	ich ______
	du ______	du ______
	er / sie / es ______	er / sie / es ______
	wir ______	wir ______
	ihr ______	ihr ______
	sie ______	sie ______
b)	ich ______	ich ______
	du seist ______	du ______
	er / sie / es ______	er / sie / es ______
	wir ______	wir ______
	ihr ______	ihr ______
	sie ______	sie ______
c)	ich ______	ich ______
	du ______	du ______
	er / sie / es habe ______	er / sie / es ______
	wir ______	wir ______
	ihr ______	ihr ______
	sie ______	sie ______
d)	ich ______	ich ______
	du ______	du ______
	er / sie / es ______	er / sie / es ______
	wir ______	wir würden ______
	ihr ______	ihr ______
	sie ______	sie ______

20 **Vervollständigen Sie die Sätze durch die Ausdrücke in den Klammern, indem Sie den Konjunktiv II verwenden.**

a) (wieder bergauf gehen): Es sieht so aus, als ob es mit ihm ____________________

____________________.

b) (der Herr des Hauses sein): Er benimmt sich hier, als ____________________

____________________.

c) (nicht wissen, worum es hier geht): Tu doch nicht so, als ob ____________________

____________________.

d) (auf einem Motorrad einen endlos steilen Abhang hinunterfahren und nicht mehr bremsen können): Im Traum war mir, als ____________________

____________________.

e) (nachdenklich gestimmt haben): Es schien mir, als ob ihn meine Bemerkung

____________________.

21 **Setzen Sie die Sätze in die indirekte Rede. Beachten Sie dabei, dass teilweise auch Personalpronomen sowie Orts- und Zeitangaben angepasst werden müssen (zum Imperativ in der indirekten Rede ↑ Praxistipp S. 101).**

a) Meine Freundin fragte mich: „Kommst du mit mir ins Café?“

____

b) Der Chef schrie uns an: „Kommt sofort in mein Zimmer!“

____

c) Die Kollegin befürchtet: „Ich werde morgen nichts zum Anziehen haben.“

____

d) Die Verkehrsbetriebe informieren: „Die neuen Tarife gelten ab 1. Juni.“

____

e) Es hieß: „Die Schneefallgrenze sinkt morgen auf 500 m.“

____

f) Die Praktikantinnen erklären: „Auf uns braucht niemand zu warten.“

____

22 Setzen Sie die fehlenden Formen in die Tabelle ein.

Person	Ind. Präsens	Konjunktiv I	Ind. Präteritum	Konjunktiv II
sie (Pl.)	können	können	konnten	könnten
er / sie / es				führe
du	bist			
ihr			trugt	
ihr	lauft			
er / sie / es		solle		
wir				sprächen
sie (Pl.)	werden			
ich			stieg	
du		habest		
ich		sei		
wir			hatten	

23 Setzen Sie die angegebenen Verben im Konjunktiv II ein.

a) *tun, unterstellen:* Man ______ ihm unrecht, wenn man ihm das ______________.

b) sein, mitteilen: Ich ______________ Ihnen dankbar, wenn Sie mir Ihre Vorschläge so bald wie möglich ______________________.

24 Bilden Sie die Imperative zu den folgenden Infinitiven im Singular und im Plural.

		Imp. Sing.	Imp. Plur.		Imp. Sing.	Imp. Plur.
a)	essen	______	______	sein	______	______
b)	feiern	______	______	kommen	______	______
c)	sehen	______	______	nehmen	______	______
d)	lesen	______	______	schreiben	______	______

1.4 Aktiv und Passiv

25 Entscheiden Sie, ob die Handlung oder der Handelnde (Handlungsträger) im Vordergrund steht, und kreuzen Sie entsprechend Aktiv oder Passiv an.

		Aktiv	Passiv
a)	Das Geld wird gezählt.	☐	☐
b)	Die Verkäuferin zählt das Geld.	☐	☐
c)	Ich kaufe Spaghetti im Bioladen.	☐	☐
d)	Spaghetti aus dem Bioladen werden gerne gekauft.	☐	☐
e)	Langsam werden die Autos an der Unfallstelle vorbeigeleitet.	☐	☐
f)	Die Polizei wird für eine schnelle Umleitung der Autos sorgen.	☐	☐

26 Setzen Sie die angegebenen Verbformen ins Passiv.

Infinitiv	Pers./Num./Temp.	Aktiv	Passiv
öffnen	3. P. Pl. Präteritum	sie öffneten	sie wurden geöffnet
kassieren	3. P. Sg. Pl.-perf.		
legen	3. P. Pl. Futur II		
rufen	1. P. Sg. Perfekt		
untersuchen	2. P. Pl. Präsens		
zählen	3. P. Sg. Futur I		

PRAXISTIPP **Vom Aktiv ins Passiv**

Beim Umwandeln eines Aktivsatzes in einen Passivsatz wird das Akkusativobjekt des Aktivsatzes zum Subjekt (S) des Passivsatzes. Das Subjekt des Aktivsatzes wird im Passivsatz nicht genannt oder durch eine Wendung mit *von* oder *durch* ergänzt. Alle anderen Satzglieder (Prädikat [P], adverbiale Bestimmungen) bleiben unverändert.

Aktiv: Unsere Firma (S) erzielte (P) im letzten Jahr (adv. Best.) ein sehr gutes Ergebnis (Akkusativobjekt).

Passiv: Ein sehr gutes Ergebnis (S) wurde (P I) im letzten Jahr [von unserer Firma] erzielt (P II).

27 Bilden Sie zu den folgenden Sätzen im Vorgangspassiv das Zustandspassiv.

a) Das Buch wird veröffentlicht. ______________________

b) Der Praktikant wurde von ihrem Lob überrascht. ______________________

c) Die Buchausstellung wurde beendet. ______________________

d) Ich bin überrascht worden. ______________________

e) Der Kunde ist im Supermarkt eingesperrt worden. ______________________

28 In Nachrichtentexten wird häufig das Passiv verwendet. Formulieren Sie aus den angegebenen Fakten einen Nachrichtentext und verwenden Sie dabei an den passenden Stellen das Passiv. Überlegen Sie auch jeweils, ob es sinnvoller ist, täterloses oder täterabgewandtes Passiv zu verwenden.

Banküberfall • Hamburg • Sparkasse • Viertel nach acht • Kassierer • Bankangestellte • Geiseln • fesseln • Bankdirektor • Tresor • Beute • 100 000 Euro • schwarze Ledertasche • Gangster • fliehen • unerkannt • Überwachungskamera

29 Setzen Sie den folgenden Passivsatz in die angegebenen Zeiten.

Präsens: Das Meeting wird geplant.

Präteritum: ______

Perfekt: ______

Plusquamperfekt: ______

Futur I: ______

PRAXISTIPP **Nicht zu viel Passiv verwenden!**

Sätze im Passiv sind typisch für einen bürokratischen Stil und wirken meist nicht sehr ansprechend. Versuchen Sie, sie zu vermeiden:

Es wird von den Anwesenden erwartet, → Wir erwarten von den Anwesenden,
Die Reparatur ... kann durchgeführt werden. → Wir können ... reparieren.

30 Schreiben Sie hinter die Sätze, ob es sich um Passiv oder Futur I handelt.

a) Die Akte wird kopiert. ______

b) Wir werden von der Maskenbildnerin geschminkt. ______

c) Ihr werdet einen Baum pflanzen. ______

d) Du wirst beim Fotografen fotografiert. ______

e) Das Urteil wird von allen gerne gelesen. ______

f) Das Ensemble wird ein Theaterstück einstudieren. ______

31 Nicht alle Verben können ins Passiv gesetzt werden, sondern nur die, die ein Akkusativobjekt bei sich haben. Man nennt sie transitive Verben. Verben, die kein Akkusativobjekt nach sich ziehen, werden als intransitiv bezeichnet. Entscheiden Sie, ob die folgenden Verben transitiv oder intransitiv sind!

lesen ______ entrinnen ______

schreiben ______ fragen ______

schicken ______ laufen ______

stehen ______ diktieren ______

1.5 Hilfsverben und Modalverben

32 Heißt es *mag* oder *möchte?* Setzen Sie richtig ein.

a) Ich ______________ keine Museen.

b) ______________________ du den Praktikanten? Ich kann ihn überhaupt nicht leiden.

c) Ich habe eigentlich nichts gegen Fleisch, aber Lammfleisch ____________ ich nicht.

d) ____________________ du eine Banane? – Nein, danke, ich _____________ Obst nicht.

e) Ich ___________ so gern mal wieder ein großes Stück Kirschtorte essen, du auch? – Ja, darauf hätte ich auch Lust, obwohl ich Torten sonst nicht so gerne __________.

33 Ordnen Sie die Modalverben *dürfen, können, mögen, müssen, sollen, wollen* den folgenden Bedeutungen zu.

	Bedeutung des Modalverbs	Modalverb
a)	die Möglichkeit oder die Fähigkeit haben:	______________
b)	zu etwas verpflichtet sein:	______________
c)	eine Erlaubnis haben:	______________
d)	den Wunsch oder die Absicht haben:	______________
e)	die Pflicht haben, es besteht die Notwendigkeit:	______________
f)	einen (höflichen) Wunsch haben:	______________

34 Was drücken die Modalverben in den folgenden Sätzen aus? Schreiben Sie es jeweils dahinter.

a) Ich darf an der Betriebsfeier nicht teilnehmen. ______________

b) Der Azubi kann nicht rechnen. ______________

c) Mein Kollege möchte lieber ins Kino gehen. ______________

d) Unser Chef will nicht mit uns feiern. ______________

e) Sie sollen hier nicht im Internet surfen. ______________

PRAXISTIPP **Persönliche Einschätzungen**

Modalverben können auch deutlich werden lassen, wie jemand seine Aussage einschätzt. Sie stehen dann häufig im Konjunktiv II.

Frau Heller **könnte** den Auftrag erledigt haben.
→ Der Sprecher will die Möglichkeit zum Ausdruck bringen.

Frau Heller **müsste (muss)** den Auftrag erledigt haben.
→ Vermutung des Sprechers, die zwingend erscheint.

Frau Heller **dürfte** den Auftrag erledigt haben.
→ Annahme des Sprechers, die sich wohl bestätigen wird.

Frau Heller **will** den Auftrag erledigt haben.
→ Der Sprecher will seine Zweifel zum Ausdruck bringen.

Frau Heller **soll** den Auftrag erledigt haben.
→ Der Sprecher drückt aus, dass er dies gehört hat.

35 Formulieren Sie mithilfe eines Modalverbs:

a) ein Verbot: ______________________________

b) einen Wunsch: ______________________________

c) ein Gebot: ______________________________

36 Welche Infinitive könnte man unter Umständen weglassen? Streichen Sie sie durch.

a) Heute können wir nicht ins Meeting gehen.

b) Wir wollen in Madrid nur an der Konferenz teilnehmen.

c) Die Unterlagen müssen sofort ins Konferenzzimmer gebracht werden.

d) Die Flipcharts können wir wieder in den Keller bringen.

e) Sie sollen sofort zum Chef kommen.

f) Im nächsten Urlaub wollen wir nach Spanien fahren.

2 Das Substantiv (Nomen, Hauptwort)

Substantive bezeichnen Lebewesen, Dinge und Nichtgegenständliches. Sie werden immer großgeschrieben.

Lebewesen: Mensch, Tier, Baum
Dinge: Haus, Akte, Stift
Abstrakta: Jugend, Glück, Karriere

Genus (Geschlecht)

Man unterscheidet drei **grammatische Geschlechter** (Plural: Genera):

- Maskulinum (männlich)
- Femininum (weiblich)
- Neutrum (sächlich)

Maskulinum: der Mann – ein Mann
Femininum: die Frau – eine Frau
Neutrum: das Kind – ein Kind

Das grammatische Geschlecht eines Wortes stimmt nicht immer mit dem natürlichen Geschlecht des bezeichneten Lebewesens (männlich / weiblich) überein. Sowohl ***die Person*** als auch ***der Mensch*** können weibliche und männliche Wesen bezeichnen.

das Mädchen
→ Genus: Neutrum (sächlich)
→ natürliches Geschlecht: weiblich
das Wesen
→ Genus: Neutrum (sächlich)
→ natürliches Geschlecht: weiblich oder männlich

Numerus (Zahl)

Substantive haben einen **Singular** (Einzahl) und einen **Plural** (Mehrzahl). Man bezeichnet diese als Numerus eines Substantivs.

Singular: die Akte (eine einzige Akte)
Plural: (die) Akten (mehrere Akten)

Kasus (Fall)

Substantive verändern ihre Form, je nachdem, welche Rolle sie im Satz einnehmen. Diese Veränderung nennt man **Deklination** (Beugung).

Die Protokolle werden verteilt.
Den Protokollen fehlt der nötige Stil.

Wird ein Substantiv dekliniert, steht es in einem bestimmten **Kasus** (Fall):

- Nominativ (1. Fall)
- Genitiv (2. Fall)
- Dativ (3. Fall)
- Akkusativ (4. Fall)

Nominativ: Wer oder was? → das Bild
Genitiv: Wessen? → des Bildes
Dativ: Wem? → dem Bild
Akkusativ: Wen oder was? → das Bild

Substantivierungen

Substantivierungen (Nominalisierungen) sind Wörter, die als Substantiv gebraucht werden, auch wenn sie ursprünglich zu einer anderen Wortart gehören. Man schreibt sie groß.

Erkennen kann man Substantivierungen meist an einem der folgenden Merkmale:
- Ein Artikel (1) oder ein Pronomen (2) geht voraus,
- ein Attribut ist vorangestellt (3) oder nachgestellt (4),
- die Substantivierung wird als Subjekt (5) (↑Kap. 7.2) oder Objekt (6) (↑Kap. 7.3) im Satz verwendet.

(1) **Das** Weiß gefällt mir besonders gut.
(2) Ich bin gespannt, wie Ihnen **unser** Neuer gefällt.
(3) nach **langem** Hin und Her
(4) Wir zahlten das Doppelte **des bisherigen Preises.**
(5) Es kam Folgendes dazwischen.
(6) Er sagte Folgendes.

Substantivierte **Verben** sind als Substantiv gebrauchte Verben. Auch zusammengesetzte Verben können substantiviert werden.

Das tägliche Arbeiten nervt mich.

Ich genieße das Zugfahren sehr.

Das Sichgehenlassen im Urlaub ist nicht mein Ding.

Substantivierten **Adjektiven und Partizipien** geht häufig ein Artikel voraus.

Der Beste wird belobigt. Das Gesagte konnte sie nicht zurücknehmen.

Sie werden auch immer dann zu Substantiven, wenn sie auf unbestimmte Mengenangaben folgen.

Im Büro konnte ich **wenig** Neues entdecken. Über **etwas** Persönliches würde der Chef sich sicher sehr freuen.

Achtung: Adjektive, die sich auf ein Substantiv beziehen, das an einer anderen Stelle im Satz steht, werden kleingeschrieben. In diesem Fall muss man sich das Substantiv dazudenken.

Beim Assessment-Center sind viele gute Frauen anwesend, doch die beste (Frau) wird gewinnen.

Prinzipiell können Wörter aller Wortarten substantiviert werden, also auch
- Pronomen,
- Adverbien,
- Präpositionen,
- Konjunktionen,
- Interjektionen.

Das ist doch ein **Niemand.**
Sie lebt im **Gestern.**
Das **Mit** oder **Ohne** stand zur Debatte.
ohne **Wenn** und **Aber**
einige **Öhs** und **Ähms**

2.1 Genus (Geschlecht)

37 Markieren Sie die im Text verwendeten Substantive und schreiben Sie sie im Singular mit dem bestimmten Artikel, der das Genus bestimmt, heraus.

Die Geschichte des Lesens

Das Lesen ist eine unverzichtbare Kulturtechnik, die notwendig ist, um am gesellschaftlichen Leben teilzunehmen. Insbesondere literarisches Lesen ist zugleich ein emotionales Erlebnis, das Momente wie Genuss, Betroffenheit, Identifikation enthält bis hin zu Glückserlebnissen. So spricht man durchaus von literarischen Erfahrungen. Das Lesen ist eine vergleichsweise spät sich herausbildende Fähigkeit in der Geschichte der Menschheit. Die Anfänge des abendländischen Lesens und des Schreibens liegen im Orient. Anfangs beherrschten nur Priester, Verwaltungsbeamte und Kaufleute diese Kulturtechnik. Erst im 14. und 15. Jahrhundert wuchs die Zahl der Lesefähigen, vor allem in den Städten. Erst im 18. Jahrhundert entstand das heutige Lesepublikum der Belletristik: Vor allem Frauen und Jugendliche entdeckten das Lesen von Literatur.

PRAXISTIPP Darf man das „Binnen-I“ verwenden?

Zur **Verkürzung von Doppelformen** wie *Mitarbeiterinnen und Mitarbeiter* oder *Leserinnen und Leser* findet man manchmal die Schreibung mit einem großen „I“ in der Wortmitte: *MitarbeiterInnen, LeserInnen.*

In offiziellen Texten sollte diese Schreibung nicht verwendet werden, da sie nicht den gültigen Rechtschreibregeln entspricht. Korrekt dagegen ist die Schrägstrichvariante *Mitarbeiter/-innen, Leser/-innen.*

2.2 Numerus (Zahl)

38 Finden Sie Beispiele für die jeweiligen Formen der Pluralbildung.

auf *-e*	auf *-(e)n*	auf *-er*	auf *-s*	mit Umlaut	= Singular

39 Bilden Sie zu den folgenden Singularformen die passenden Pluralformen. Bedenken Sie, dass es manchmal auch zwei Pluralformen gibt. Im Zweifelsfall sollten Sie im Wörterbuch, z.B. im *Duden,* nachschlagen.

die Pizza: ______________________

die Figur: ______________________

die Firma: ______________________

der Spaß: ______________________

der Zug: ______________________

das Album: ______________________

das Baby: ______________________

die Drossel: ______________________

das Messer: ______________________

die Angst: ______________________

PRAXISTIPP *-d* oder *-t*: Knifflige Schreibungen am Wortende

Am Ende eines Wortes kann man die Laute *b – d – g* und *p – t – k* oft nicht unterscheiden *(Berg – Werk)*. Durch die Verlängerung des Wortes wird der Unterschied zwischen den stimmhaften Lauten *b – d – g* und den stimmlosen Lauten *p – t – k* hörbar. Man kann das betreffende Wort verlängern, indem man den **Plural bildet** oder das Wort anders **dekliniert.**

Tauchen z.B. die Silben ***-and / -ant*** bzw. ***-end / -ent*** als Nachsilben auf, kann man, um bei der Schreibung sicherzugehen, eine gebeugte Form bilden.

Konfirmand – Konfirmandin • galant – der galante Umgangston
horrend – die horrenden Kosten • Präsident – Präsidenten

40 Manchmal hilft die Pluralbildung, die richtige Schreibweise zu finden. Bilden Sie aus den Wortanfängen unten durch das Anhängen von *-and, -end, -ant* oder *-ent* Wörter. Bilden Sie dann den Plural und erläutern Sie kurz, was sie bedeuten.

a) Divid________: Pl.: ________ ________________

b) Absolv________: Pl.: ________ ________________

c) Doktor________: Pl.: ________ ________________

d) Praktik________: Pl.: ________ ________________

e) Dezern________: Pl.: ________ ________________

f) Spekul________: Pl.: ________ ________________

g) Konfirm________: Pl.: ________ ________________

41 Deklinieren Sie die folgenden Substantive und ergänzen Sie die fehlenden Fachbegriffe.

		die Chefin	**der Vorstand**	**das Geld**
	Genus:			
Singular	1.			
	2. Genitiv		des Vorstands	
	3.			
	4.			
Plural	1.			
	2.			
	3.			
	4.			

2.3 Kasus (Fall)

42 Unterstreichen Sie die im Text verwendeten Substantive und bestimmen Sie bei dreizehn Substantiven Ihrer Wahl das Genus sowie den Kasus und den Numerus.

Zu den Aufgaben eines Mediengestalters gehört die Gestaltung von Drucksachen, wie zum Beispiel Zeitschriften, Katalogen, Büchern und Formularen, mit den Elementen Schrift, Bild, Farbe und Grafik. Mediengestalter führen Texte, Bilder und andere Gestaltungselemente am Computer zusammen. Ihren Arbeitsplatz haben sie in Setzereien, Textverarbeitungsbetrieben, aber auch in Druckereien. Darüber hinaus können sie in Verlagen, Grafikbüros, Medienagenturen sowie in Werbeabteilungen größerer Unternehmen tätig sein.

	Genus	Kasus	Numerus
den Aufgaben:	Femininum	Dativ	Plural

43 Im folgenden Text sind die einzusetzenden Wörter im Nominativ angegeben. Setzen Sie die richtigen Formen ein und bestimmen Sie den Kasus.

Linus wird von seinen Kollegen (Dativ) (seine Kollegen) nur „der Komiker" genannt. Besonders gut ist er im Erfinden ________ (________) (witzige Wörter), so hat er ________ (________) (seine Ohren) ________ (________) (der Spitzname) „Windfänger" gegeben. ________ ________ (________) (der Chef), der sich ständig über ________ ________ (________) (jede Kleinigkeit) aufregt, ruft er „Ratterton". Niemand ist vor ________ (________) (seine Späße) sicher. Er selbst hat ________ (________) (der Spitzname) „Bims"; wie er dazu gekommen ist, weiß allerdings niemand. ________ (________) (seine Freundin) schimpft schon seit Jahren, dass er wegen ________ ________ (________) (seine dummen Scherze) nicht ernst genommen wird und ________ (________) (schlechte Beurteilungen) erhalten wird.

PRAXISTIPP **Das Genitiv-s und der Apostroph**

Im Deutschen wird (anders als im Englischen!) der Genitiv eines Vor- oder Familiennamens in der Regel durch schlichtes Anhängen eines *s* gebildet – ohne Apostroph:

Herrn Meiers Abteilung, Frau Müllers Konto, Hamburgs Hafen, Peters Fall

Endet ein Name auf einen *s*-Laut und hat er keinen Artikel bei sich, steht der Apostroph zur Kennzeichnung des Genitivs – aber ohne ein weiteres *s:*

Grass' Blechtrommel, Leibniz' Philosophie, Ringelnatz' Gedichte

Um die Grundform des Namens zu verdeutlichen, kann ein Apostroph gesetzt werden, wenn der Name mit dem folgenden Substantiv zusammen einen Eigennamen (z.B. Firmennamen) bildet:

Carlos Taverne / Carlo's Taverne (die Taverne von Carlo, nicht die von Carlos)

2.4 Substantivierungen

44 Unterstreichen Sie die Substantivierungen. Schreiben Sie darunter, welche Wortart jeweils substantiviert wurde.

a) Im Großen und Ganzen ist alles in Ordnung.

____

b) Das Protokoll enthielt viel nachträglich Hinzugefügtes.

____

c) Das hält mich am Laufen.

____

d) Ich sehe leider wenig Kreatives, aber viel Langweiliges.

____

e) Mein Suchen war nicht von Erfolg gekrönt.

____

f) Ich bin kein Niemand, ich bin ein Jemand!

____

g) Man kann das Diesseits nicht mit dem Jenseits vergleichen.

____

45 Woran erkennen Sie jeweils die Substantivierung? Unterstreichen Sie die Merkmale.

a) Eure Neue ist wohl eher schüchtern, oder?

b) Es war viel Ärgerliches und wenig Erfreuliches dabei.

c) Das Arbeiten entspannt mich.

d) Über das Gesagte hat der Chef sich sehr geärgert.

e) Wird die Stelle wohl mit einem Er oder mit einer Sie besetzt?

f) Überrasche sie doch einmal mit etwas Gekochtem!

g) Nach langem Für und Wider haben wir uns schließlich so entschieden.

PRAXISTIPP **Nicht zu viel Nominalstil!**

Unter einem Nominalstil versteht man sprachliche Äußerungen, in denen Substantivierungen (Nominalisierungen) im Vergleich zu anderen Wortarten überwiegen. Der Nominalstil ist typisch für Nachrichten, Zeitungstexte oder Fachtexte. Auch in Überschriften wird er häufig angewandt.

> Der Angeklagte wurde zu einer Bewährungsstrafe verurteilt. Alle freuten sich.
> Nominalstil: Die Verurteilung des Angeklagten zu einer Bewährungsstrafe wurde mit allgemeiner Freude aufgenommen.
> Überschrift: Allgemeine Freude über Verurteilung

In Vorträgen, Protokollen oder Arbeitsberichten sollten Sie einen zu starken Nominalstil vermeiden, weil dies die Lesbarkeit und Verständlichkeit beeinträchtigt. Hier ist meist ein Stil, in dem Verben überwiegen, angebrachter (Verbalstil):

> Bitte bringen Sie die Unterlagen mit. /
> Alle sollten die Unterlagen mitbringen.
> (statt: Das Mitbringen der Unterlagen ist nötig.)

46 Formulieren Sie die Sätze um, indem Sie die blau markierten Wörter substantivieren. Die Satzanfänge helfen Ihnen dabei.

a) Sie zweifelte, ob sie die Prüfung bestanden hat.

Sie hatte Zweifel am ______________________________.

b) Er fürchtet sich sehr davor, die Wahrheit zu gestehen.

Die Furcht ______________________________.

c) Er hat sich sehr darauf gefreut, mit ihr den Urlaub zu verbringen.

Seine ______________________________.

d) Sie dankte ihm dafür, dass er ihr geholfen hatte.

Das war ______________________________.

e) Er hat sich dafür entschieden, für die Firma nach Amerika zu reisen.

Die ______________________________.

f) Der Bürgermeister ist verärgert, dass seine Gäste sich verspäten.

Beim Bürgermeister herrscht ______________________________

______________________________.

g) Jugendlichen unter 18 Jahren ist es auch dann nicht gestattet, hochprozentige Alkoholgetränke zu kaufen, wenn ein Erwachsener sie begleitet.

Jugendlichen ____

____.

h) Tabakwaren dürfen an Jugendliche unter 18 Jahren nicht abgegeben werden.

Die ____

____.

47 Groß oder klein? Streichen Sie jeweils den falschen Buchstaben durch.

Seit Tagen schon läuft mein Mann nur noch in seinem Zimmer H/hin und H/her. „Der Chef muss sich endlich entscheiden, ohne W/wenn und A/aber!“, sage ich ständig zu ihm. Dieses H/hin und H/her macht mich ganz nervös. Aber er hört nicht auf mich. „Der B/bessere gewinnt“, sagt er immer. „Ob ich wohl B/besser bin als E/er?“ Ich wollte gerade antworten, als uns E/etwas unterbrach. Es war das K/klingeln des Telefons. Er nahm ab und stellte den Ton L/laut. „Hallo, mein B/bester“, sagte der Chef. Da wussten wir, dass er der G/glückliche war.

PRAXISTIPP Substantivierungen erkennen: Adjektive

Substantivierungen im Text zu erkennen, ist besonders wichtig, da die richtige Schreibung davon abhängt, ob ein Wort eine Substantivierung ist oder ob es seiner ursprünglichen Wortart angehört.

Gerade bei Adjektiven ist es nicht immer leicht zu entscheiden, ob sie sich als Adjektiv auf ein vorher genanntes Substantiv beziehen (und dann kleingeschrieben werden) oder ob es sich um eine eigenständige Substantivierung handelt (die entsprechend großgeschrieben wird).

Die neue Abrechnungsmethode ist einfacher als die alte (Abrechnungsmethode).
Frisches Gemüse ist gesünder als gekochtes (Gemüse).

Die Neue macht sich gut im Kollegenkreis.
Ich bevorzuge statt Salat etwas Gekochtes zum Mittagessen.

3 Artikel (Begleiter) und Pronomen (Fürwörter)

Die Artikel

Der Artikel ist der Begleiter eines Substantivs. Er gibt das Genus (grammatisches Geschlecht) an und stimmt in Numerus (Zahl) und Kasus (Fall) mit dem Substantiv überein.
Der begleitende Artikel kann ein bestimmter oder ein unbestimmter Artikel sein.

Bestimmter Artikel:
der Mann, **die** Kollegin, **das** Büro

Unbestimmter Artikel:
ein Mann, **eine** Kollegin, **ein** Büro

Die Pronomen

Wörter, die stellvertretend für ein Substantiv stehen können, werden Pronomen (Fürwörter) genannt.

Das **Personalpronomen** (persönliches Fürwort) steht als Stellvertreter für Personen, Gegenstände, Zustände oder Sachverhalte. Es verweist auf den Sprecher, die Sprecherin oder die Sprechenden *(ich, wir)*, auf Angesprochene *(du, ihr)* oder auf jemanden, über den man spricht *(er, sie, es; sie)*. Man unterscheidet zwischen der 1., 2. und 3. Person im Singular und im Plural.

Das Buch liegt hier. → **Es** liegt hier.
Die Akten sind hier. → **Sie** sind hier.

1. Person Singular: ich
2. Person Singular: du
3. Person Singular: er / sie / es
1. Person Plural: wir
2. Person Plural: ihr
3. Person Plural: sie

Personalpronomen kann man deklinieren. Der Genitiv klingt allerdings veraltet und wird daher nur noch selten verwendet *(Sie gedachten seiner in der Trauerfeier)*.

Singular:
Nominativ: ich, du, er / sie / es
Genitiv: meiner, deiner, seiner / ihrer / seiner
Dativ: mir, dir, ihm / ihr / ihm
Akkusativ: mich, dich, ihn / sie / es
Plural:
Nominativ: wir, ihr, sie
Genitiv: unser, euer, ihrer
Dativ: uns, euch, ihnen
Akkusativ: uns, euch, sie

Hierhin gehören auch die **Reflexivpronomen** (rückbezüglichen Fürwörter) und die **Reziprokpronomen** (wechselbezüglichen Fürwörter).	Reflexivpronomen *sich:* Sie verrechnet sich. Reziprokpronomen *einander, sich:* Die Kollegen helfen einander.
Possessivpronomen (besitzanzeigende Fürwörter) geben ein Besitzverhältnis an oder drücken eine Zugehörigkeit aus. Sie begleiten oder ersetzen ein Substantiv und richten sich in ihrer Form nach der Person, auf die sie sich beziehen.	1. Person Singular: mein/-e 2. Person Singular: dein/-e 3. Person Singular: sein/-e, ihr/-e 1. Person Plural: unser/-e 2. Person Plural: euer/eure 3. Person Plural: ihr/-e **Meine** Hose ist blau und **deine** grün.
Demonstrativpronomen (hinweisende Fürwörter) weisen auf etwas oder jemanden hin. Die Verwendung von *dieser, diese, dieses* und *jener, jene, jenes* richtet sich nach dem Inhalt: *dieser* weist auf etwas Näheres, *jener* auf etwas Entfernteres hin.	dieser, diese, dieses jener, jene, jenes solcher, solche, solches derselbe, dieselbe, dasselbe Willst du **diese** Akte haben? – Nein, **jene** dort hinten im Regal!
Indefinitpronomen (unbestimmte Fürwörter) verwendet man bei Angaben über Personen oder Sachverhalte, die man nicht genauer bestimmen kann oder will. Sie richten sich gewöhnlich nach dem Substantiv, das sie begleiten oder ersetzen. Die Pronomen *etwas, man* und *nichts* sind jedoch unveränderlich.	jemand, niemand, etwas, nichts, alle, jeder, kein, manche, mehrere, etliche, man, irgendjemand Man konnte gestern **nichts** Neues erfahren.
Die **Relativpronomen** (Bezugsfürwörter) *der, die, das* und *welcher, welche, welches* sowie *wer, was* leiten einen Nebensatz (Relativsatz) ein. Sie richten sich in ihrer Form nach dem Wort, auf das sie sich beziehen.	Das Haus, **welches** am Fluss stand, wurde abgerissen. Es stand an dem Fluss, **der** in die Mosel mündet.

3.1 Der bestimmte und der unbestimmte Artikel

48 Unterstreichen Sie die Substantive und schreiben Sie sie mit dem bestimmten Artikel auf.

DIE KOLLEGEN HATTEN IHR BLUMEN MITGEBRACHT, DIE PRAKTIKANTIN HIELT IHR EIN RIESIGES PAKET ENTGEGEN. BEHUTSAM ÖFFNETE DIE JUBILARIN DAS GESCHENK – EIN BUCH ÜBER TIERE! DEN HALBEN TAG VERBRACHTEN SIE DAMIT, DARIN ZU STÖBERN, SODASS NUR WENIG ARBEIT ERLEDIGT WURDE.

________________ ________________

________________ ________________

________________ ________________

________________ ________________

________________ ________________

49 Entscheiden Sie, ob Sie einen bestimmten oder einen unbestimmten Artikel einsetzen müssen.

Meine Kollegin hat ______ neuen Computer bekommen. ______ Computer hat ______ besonders guten Bildschirm. ______ Bildschirm ist ganz flach und hat ______ gute Auflösung.

Der Praktikant hat bei einem Preisausschreiben ______ MP3-Player gewonnen. ______ MP3-Player ist sehr praktisch, weil er mit ______ kleinen Sonnenkollektor arbeitet. Bei Sonnenschein liefert ______ Sonnenkollektor genug Strom für ______ Betrieb des MP3-Players.

Meine Schwester wünscht sich zum Geburtstag von ihrem Mann ______ neues Fahrrad. Mit ______ Fahrrad möchte sie im nächsten Urlaub gerne ______ Radtour machen. Für ______ Radtour hätte sie dann gerne auch noch ______ große Satteltasche.

3.2 Die Pronomen

50 Ersetzen Sie die blau hervorgehobenen Wörter bzw. Wortgruppen durch Personalpronomen. Schreiben Sie die geänderten Sätze darunter.

a) Die ganze Abteilung, 7 Kollegen, 8 Kolleginnen und ihre Chefin Frau Müller, ging zum Weinfest.

____

____

b) Die Mitarbeiter und Mitarbeiterinnen waren besonders begeistert von der Bühne, die dieses Jahr auf dem Marktplatz aufgestellt worden war.

____

____

c) Die erste Band gefiel den Angestellten jedoch überhaupt nicht.

____

____

51 Welches Pronomen passt nicht in die Reihe? Streichen Sie es durch und begründen Sie Ihre Wahl.

a) dieser – jener – seiner – solcher   Grund: ____________________

b) etwas – du – nichts – kein   Grund: ____________________

c) die – mein – dein – sein   Grund: ____________________

52 Setzen Sie die fehlenden Pronomen ein und schreiben Sie in Klammern, ob es sich um ein Personalpronomen (Pers.) oder um ein Possessivpronomen (Poss.) handelt.

a) In dem neuen Bestseller wird erzählt, wie der achtzehnjährige Theo sich ins Ausland absetzt. ________ (________) verlässt ________ (________) Zuhause, weil ________ (________) Eltern sich nicht mehr vertragen. Auch in der Berufsschule hat ________ (________) Probleme: ________ (________) Noten sind schlecht.

53 Suchen Sie alle Pronomen heraus und unterstreichen Sie sie. Tragen Sie sie anschließend in die richtige Spalte der Tabelle ein.

Etliche Bundesbürger werden auch dieses Jahr wieder viel Geld für ihr Feuerwerk an Silvester ausgeben. Das beliebteste Produkt sind nach wie vor die Raketen, die um Mitternacht in die Luft geschossen werden. Man erwartet für dieses Jahr, dass wieder mehrere Millionen Raketen abgefeuert werden. Hilfsorganisationen weisen jedes Jahr darauf hin, dass das Geld, das für die Knallerei ausgegeben wird, besser gespendet werden sollte. Trotz dieser Hinweise und knapper Haushaltskassen lassen sich die Deutschen diesen Spaß aber nicht nehmen.
Neuste Umfragen haben ergeben, dass Frauen lieber ihren Partner zu Silvester knallen lassen, als dass sie selbst zum Feuerzeug greifen. Psychologen erklären solches Verhalten so: Das alte Jahr mit lautem Krachen zu verabschieden, beruht auf dem männlichen Imponiergehabe, das sich bereits zu Urzeiten entwickelt haben soll. Die Lust, sich gegenseitig zu erschrecken, beginne bei manchen Jungen schon im Kindergartenalter und erreiche ihren Höhepunkt in der Pubertät. Es sei somit ein typisch männliches Verhalten.

Personal-pronomen	Possessiv-pronomen	Demonstrativ-pronomen	Indefinit-pronomen	Relativ-pronomen

4 Das Adjektiv (Eigenschaftswort)

Verwendung

Adjektive können
- **attributiv,**
- **prädikativ,**
- **adverbial** oder
- **substantiviert**

gebraucht werden.

der **harte** Wettbewerb,
die **schlechte** Witterung,
das **große** Büro

Beim **attributiven** Gebrauch bezieht sich das Adjektiv auf ein Substantiv und bildet mit ihm eine Einheit (attributive Wortgruppe). Meistens stehen attributiv gebrauchte Adjektive vor dem Substantiv. Sie werden dekliniert (gebeugt) und stimmen in Genus (Geschlecht), Numerus (Zahl) und Kasus (Fall) mit dem Substantiv überein.
Sie beschreiben die Eigenschaften oder Merkmale eines Substantivs und werden kleingeschrieben.

Singular:
Nominativ: der schöne Tag
Genitiv: des schönen Tags
Dativ: dem schönen Tag
Akkusativ: den schönen Tag

Plural:
Nominativ: die schönen Tage
Genitiv: der schönen Tage
Dativ: den schönen Tagen
Akkusativ: die schönen Tage

Als **prädikatives** Adjektiv ist das Adjektiv Teil eines Prädikates. Es steht dann häufig nach den Verben *sein, werden* und *bleiben*. Das Adjektiv ist dann unflektiert (unverändert).

Die Kundin ist **neugierig.**
Es wird **dunkel.**
Die Verkäuferin bleibt **freundlich.**

Wird der Superlativ attributiv verwendet, wird ihm *am* vorangestellt.

Von den Hotels am Ort ist das „Ambassador“ **am teuersten.**

Jedes Adjektiv kann auch **adverbial,** also in der Funktion eines Adverbs, gebraucht werden. Es bezieht sich dann auf das Verb.
Es wird unflektiert verwendet und hat keine spezielle Endung (wie es im Englischen oder Lateinischen der Fall ist).

Er **spricht laut.** (Wie spricht er?)

Die Sonne **scheint warm** vom Himmel. (Wie scheint die Sonne?)

Mit dem Auto **fahren** wir **schnell.** (Wie fahren wir mit dem Auto?)

Die meisten Adjektive können auch **substantiviert,** also wie Substantive, gebraucht werden. Sie werden dann großgeschrieben (↑Kap. 2.4).

Weißt du schon das **Neueste?**
Wir wünschen Ihnen alles **Gute!**
Der **Älteste** geht auch zuerst in den Ruhestand.

Steigerung

Adjektive können (neben einigen wenigen Adverbien) als einzige Wortart gesteigert werden, das heißt, es werden Vergleichsformen (Komparationsformen) gebildet. Es gibt drei Stufen:

- **Positiv** (Grundform),

billig, ähnlich, schön, arm, groß, klug

- **Komparativ** (erste Steigerungsstufe): Er wird gebildet, indem man *-er* an die Grundform anhängt; wenn in der Grundform ein *a, o* oder *u* vorkommt, wird daraus im Komparativ in der Regel ein *ä, ö* oder *ü*.

billiger, ähnlicher, schöner, ärmer, größer, klüger

- **Superlativ** (zweite Steigerungsstufe): Er wird gebildet durch das Voranstellen des Wörtchens *am* und das Anhängen von *-sten.*

am billigsten, am ähnlichsten, am schönsten, am ärmsten, am größten, am klügsten

Der Superlativ drückt nicht nur den höchsten Grad aus. Er kann auch ohne einen direkten Vergleich einen **sehr hohen Grad** ausdrücken. Diesen Superlativ nennt man **absoluten Superlativ** oder **Elativ.**

Beim **leisesten** Geräusch wache ich auf. Ich habe nicht die **geringste** Ahnung, was das soll.

Einige wenige Adjektive haben unregelmäßige Steigerungsformen, die man auswendig lernen muss.

gut – besser – beste, viel – mehr – meiste, hoch – höher – höchste, nah – näher – nächste

Manche Adjektive lassen sich überhaupt nicht steigern, weil ihre Bedeutung kein Mehr oder Weniger zulässt.

blind, einzig, nackt, quadratisch, rot, schwanger, super, uralt

Zahladjektive

Zahlwörter, die als Beifügung zu einem Substantiv stehen können, sind ebenfalls Adjektive. Zu diesen Zahladjektiven gehören:

- **Grundzahlen** – **fünfzig** Rosen, um **acht** Uhr
- **Ordnungszahlen** – der **dritte** Mann, am **ersten** Tag
- **unbestimmte Zahlwörter** – **einige** Tage, **viele** Ideen, **etliche** Male
- **Vervielfältigungszahlen** – einfach, zweifach, einmalig, zweimalig

4.1 Gebeugte (flektierte) Formen

54 Füllen Sie die Felder der Tabelle aus: Deklinieren Sie ***das wichtige Gespräch – die wichtigen Gespräche*** und ergänzen Sie die Fachbegriffe.

	Einzahl:	**Mehrzahl:**
1. Fall:	das wichtige Gespräch	
2. Fall:		
3. Fall: Dativ		
4. Fall:		

55 Setzen Sie in den folgenden Text die passenden Adjektive aus dem Wortspeicher ein.

großes • schlechtes • wunderschöne • nettesten • erlebnisreichen • köstlicher • fürchterlichen • aufregenden • freundliche • letzten • erfahrene • spannende • kleinen

Pia berichtet ihrer ________ Kollegin Linda von ihrem ________ Flug nach Lanzarote im ________ Sommer: „Ich bin zum ersten Mal mit einem ________ Flugzeug geflogen. Auf dem Hinflug hatten wir ________ Wetter, sodass wir unter ________ Turbulenzen an Bord litten. Die ________ Stewardess kümmerte sich sofort um mich, denn sie sah, dass ich noch keine ________ Passagierin war. Sie lenkte mich ab, indem sie mir eine ________ Zeitschrift und ein ________ Stück ________ Schokolade brachte. So gut versorgt erreichten wir nach einem ________ Flug von vier Stunden die ________ Insel Lanzarote.“

56 Unterstreichen Sie im folgenden Text alle Adjektive. Suchen Sie jeweils das Substantiv heraus, das Bezugswort des Adjektivs ist, und tragen Sie es in die Tabelle ein.

Ein alter Mann lebte in einer engen Wohnung am Rande der Stadt. Wenn schönes Wetter war, ging er mit seinem treuen Hund in die kleine Stadt, wo er die nötigsten Dinge einkaufte. Den meisten Spaß bereitete es ihm, wenn die Kinder zu ihm kamen, um den alten Hund zu streicheln. Eines schönen Tages spazierte er durch die belebte Einkaufsstraße, als plötzlich ein kleiner Junge um die Ecke bog, den Hund übersah und über die rote Leine stolperte.

Adjektiv	Bezugswort	Adjektiv	Bezugswort

57 Im Text aus Übung 56 finden Sie die deklinierten Formen des Adjektivs. Wie lautet jeweils die Grundform? Tragen Sie sie in die Tabelle ein.

deklinierte Adjektiv	Grundform	dekliniertes Adjektiv	Grundform

58 Beschreiben Sie kurz eine Kollegin oder einen Kollegen. Dabei können Sie ihr bzw. sein Aussehen und / oder typische Eigenschaften benennen. Verwenden Sie mindestens fünf treffende Adjektive.

____

____

____

____

____

____

4.2 Die Steigerung

59 Füllen Sie die Tabelle aus: Ergänzen Sie die Fachbegriffe oben und dann die fehlenden Adjektivformen.

Positiv		
		am pünktlichsten
	früher	
wertvoll		
	besser	

PRAXISTIPP Vergleich beim Adjektiv mit *als* oder *wie*?

Wird bei einem **Vergleich** die **Grundform (Positiv)** eines Adjektivs verwendet, dann steht ***wie:***

Der Kollege arbeitet **so schnell wie** ich.
Das Projekt ist dreimal **so teuer wie** geplant.

Bei einem Vergleich mit dem **Komparativ** eines Adjektivs steht ***als*** (das gelegentlich zu hörende ***wie*** beim Komparativ ist nicht standardsprachlich!):

Der Kollege arbeitet **schneller als** ich.
Das Projekt wurde dreimal **teurer als** geplant.

60 Markieren Sie alle Adjektive und prüfen Sie, ob sie steigerbar sind. Wer also kann seine Leistung (rein sprachlich gesehen) noch steigern?

a) „Frau Zimmer, Ihre Leistung war super!"

b) „Sie haben ein prima Ergebnis erzielt, Herr Meier!"

c) „Sie haben Ihre Aufgabe gut gelöst, Frau Hansen!"

d) „Was Sie hier geleistet haben, ist einzigartig, Herr Mettler!"

61 Setzen Sie die Adjektive aus dem Wortspeicher in die passenden Lücken ein. Die Adjektive sind in ihrer Grundform angegeben. Sie müssen sie also beim Einsetzen deklinieren und können sie steigern, wenn es Ihnen sinnvoll erscheint.

verwildert • klein • lecker • viel • fantastisch • neu •
lang • gut • unverheiratet • fern • viele • benachteiligt

Heute koche ich ein ________________ Essen, da meine ________________ Schwester aus dem ________________ Afrika zu Besuch kommt. Mein Mann hat extra seinen ________________ Kuchen gebacken und meine Tochter in unserem ________________ Vorgarten das Unkraut gezupft. Als meine Schwester vor ________________ Jahren sagte, dass sie den ________________ Kindern in Afrika helfen wolle, machte die ganze Familie ein ________________ Gesicht – besonders meine ________________ Schwester. Sie hatte ________________ Zeit als wir übrigen Geschwister mit ihr verbracht, denn die beiden hatten ________________ Pläne gemacht, wie sie gemeinsam eine ________________ Schule in Kenia erbauen und leiten könnten.

62 Adjektiv oder Adverb? Setzen Sie die flektierten Adjektive in die Lücke ein.

a) Ich gehe häufig / oft ins Kino.
Die ________________ Kinobesuche machen mich noch ganz arm.

b) Es gab genug / ausreichend Sitzplätze für alle.
Der Veranstalter bot ein ________________ Sitzplatzangebot.

c) Einst / Früher wurden die Vorträge ohne Beamer gehalten.
In ________________ Zeiten gab es bei Vorträgen keine Beamer.

4.3 Zahladjektive

63 Die unbestimmten Zahlwörter bezeichnen eine unbestimmte Anzahl oder unbestimmte Menge. Setzen Sie die unbestimmten Zahlwörter in den Text ein.

einige • meiste • wenigen • ein paar • viele • wenig • manche

Frau Allers freut sich darauf, im Urlaub ein ________________ länger schlafen zu können. Die ________________ Zeit wird sie bei ihren Eltern verbringen. Ihre Eltern, die in einer alten Bergmannssiedlung wohnen, halten noch ________________ Hühner. ________________ der ehemaligen Bergleute haben ihre Tiere abgeschafft, weil sie die ________________ Eier, die sie brauchen, lieber im Geschäft kaufen, aber ________________ halten sich noch ________________ Tiere für den eigenen Bedarf.

64 Entscheiden Sie, ob Sie für die Zahlen in den Klammern eine Ordinalzahl, eine Grundzahl oder eine Vervielfältigungszahl einsetzen müssen.

Am Samstag lädt der Chef ________________ (8) Mitarbeiterinnen und Mitarbeiter zum Badmintonturnier in seinen Garten ein. Der ________________ (1) bekommt von ihm einen Kinogutschein. Frau Baumann klingelt als ________________ (1), weil sie nur ________________ (1) Straße weiter wohnt. Als ________________ (3) kommt Herr Lück. Die ________________ (8) und Letzte ist Frau Hansen. Sie hat sich verspätet, weil sie den Bus verpasst hat. Bis ________________ (22) Uhr können die Kollegen Badminton spielen. ________________ (2) muss allerdings jemand für Getränkenachschub sorgen, weil alle ________________ (3) Wasserkästen ausgetrunken sind.

PRAXISTIPP Zahladverbien

Wörter wie *einmal, zweimal, dreimal* oder *erstens, zweitens, drittens* sind **Adverbien** (↑Kap. 5.1), genauer **Zahladverbien.** Sie sind im Gegensatz zu den Zahladjektiven nicht veränderbar, können also nicht dekliniert oder gesteigert werden.

5 Die nicht flektierbaren (unveränderlichen) Wörter

Adverb (Umstandswort)

Das Adverb (Plural: Adverbien) bestimmt die näheren Umstände eines Geschehens. Adverbien können nähere Angaben machen zu

- **Ort (lokal):** ***wo?, wohin?, woher?*** — draußen, oben, links, hier, dort
- **Zeit (temporal):** ***wann?, wie lange?*** — heute, jetzt, abends, zwischendurch
- **Art und Weise (modal):** ***wie?*** — gern, normalerweise, barfuß
- **Grund (kausal):** ***warum?, weshalb?*** — darum, notfalls, folglich, deshalb

Das Adverb kann im Satz unterschiedliche Funktionen übernehmen:

- als selbstständiges Satzglied (adverbiale Bestimmung), — **Hier** entstehen fünf Neubauten.
- als Attribut, wenn es Einzelwörtern oder Wortgruppen zugeordnet ist, — Sie ist **sehr** nett.
- innerhalb einer festen Fügung. — Ich komme **spätestens** morgen zurück.

5

Präposition (Verhältniswort)

Präpositionen geben Beziehungsverhältnisse an. Sie kommen immer mit einem übergeordneten Wort vor (meist Substantiv oder Pronomen). Zusammen bilden sie die Präpositionalgruppe.

an, bei, nach, neben, über, vor, zu, zwischen

nach zwei Stunden, **trotz** des Regens, **wegen** der Schließzeiten, **vor** ihr

Manche Präpositionen können mit dem nachfolgenden Artikel verschmelzen. In vielen festen Wendungen ist die Verschmelzung nicht mehr aufzulösen.

zum (= zu dem) Vortrag
ins (= in das) Gebäude
beim (= bei dem) Umrechnen

Mithilfe von Präpositionen können nähere Angaben gemacht werden zu

- dem **Ort (lokal)**, — Ich befinde mich **im** Garten.
- der **Zeit (temporal)**, — Ich komme **nach** der Mittagspause.
- der **Art und Weise (modal)**, — Er kam **ohne** mein Wissen.
- dem **Grund (kausal)**. — Ich friere **wegen** der Kälte.

Präpositionen bestimmen den Kasus (Fall) ihres Bezugswortes.

Die Folie fällt **neben den** Tisch.
Die Folie liegt **auf dem** Tisch.

Lokalen Präpositionen folgt auf die Frage *wo?* der Dativ, auf die Frage *wohin?* der Akkusativ.

Das Bild hängt **an der** Wand. (Wo?)
Er hängt das Bild **an die** Wand. (Wohin?)

Konjunktion (Bindewort)

Konjunktionen verbinden Sätze, Wortgruppen und Wörter. Man unterscheidet zwei große Gruppen:

Nebenordnende Konjunktionen verbinden gleichrangige (Teil-)Sätze, Wörter und Wortgruppen. Zu ihnen gehören Konjunktionen, die Sätze, Wortgruppen und Wörter **nur aneinanderreihen** (1), und solche, die **Gegensätze und Einschränkungen** (2) oder einen **Grund** angeben (3).

(1) und, sowie, oder, sowohl ... als auch, entweder ... oder
(2) aber, doch
(3) denn, deshalb

Unterordnende Konjunktionen verbinden einen Nebensatz mit einem Hauptsatz. Sie leiten Aussagen ein

- zur Zeit, – während, bevor, nachdem
- zum Grund, – da, weil
- zum Zweck, – dass, damit
- zu Bedingungen, – falls, wenn
- zu Einschränkungen / Gegensätzen. – obwohl, obgleich

Interjektion (Ausruf)

Interjektionen stehen im Satz isoliert und werden deshalb oft von einem nachfolgenden Satz mit einem Komma oder einem Ausrufezeichen abgetrennt.

Brr, ist das kalt!
Oh, das ist aber schön!
Aua! Das tut weh!
Hurra! Wir haben den Auftrag!

Sie kommen vor allem in **gesprochener Sprache** oder in **Comics** vor. Interjektionen können

- Empfindungen ausdrücken, – hm, igitt, nanu, oh, pfui, tja, wow
- Aufforderungen bedeuten, – basta, dalli dalli, hallo, halt, he, pst
- Laute nachahmen oder – miau, peng, tatütata, wuff wuff, wumm
- ein Gespräch in Gang halten. – aha, bitte?, genau, hm, ja, richtig, was?

5.1 Adverbien (Umstandsangaben)

65 Ordnen Sie die Adverbien aus dem Wortspeicher in die richtige Spalte ein: lokal ***(wo?, wohin?, woher?)***, temporal ***(wann?, wie lange?)***, modal ***(wie?, auf welche Weise?)*** und kausal ***(warum?, weshalb?)***.

drinnen • stets • darum • deshalb • heute • schließlich • endlich • unterdessen • überall • glücklicherweise • irgendwo • schnellstens • kopfüber

lokal	temporal	modal	kausal
___	___	___	___
___	___	___	___
___	___	___	___
___	___	___	___
___	___	___	___

5

66 Erweitern Sie die Sätze, indem Sie passende Adverbien ergänzen. Achtung: Manchmal müssen Sie den Satz umstellen.

Beispiel: Ich sehe dich. → Täglich sehe ich dich.

a) Die Katastrophe konnte verhindert werden.

___

b) Die betroffenen Familien wurden gerettet.

___

c) Der Brand wurde gelöscht.

___

d) Die Zeitungen berichteten über den Vorfall.

___

67 Unterstreichen Sie im folgenden Text alle Adverbien.

Der Fuchs und der Ziegenbock (nach Äsop)

Ein Fuchs fiel unglücklicherweise in einen tiefen Brunnen, aus dem er sich selbst nicht befreien konnte. Sogleich kam ein durstiger Ziegenbock zum Brunnen, und als er den Fuchs sah, fragte er neugierig, ob das Wasser gut sei. Der Fuchs lud den Ziegenbock freundlich ein herabzukommen. Das tat der Bock, und nachdem er seinen Durst gelöscht hatte, fragte er den Fuchs, wie sie herauskämen.
Der Fuchs nahm ihn beiseite und sprach listig: „Stelle dich auf deine Hinterbeine und stemme die Vorderbeine an die Wand. Ich will schnell über deinen Rücken und deine Hörner klettern und sofort dir heraushelfen." So taten sie es auch. Als der Fuchs oben stand, tanzte er ausgelassen und rief: „Wenn du nur einmal nachgedacht hättest, wärst du nicht hier hinabgestiegen, ohne zu wissen, wie du wieder hinauskommst." Freudestrahlend lief er davon.

68 Einige wenige Adverbien bilden Steigerungsformen, indem sie auf andere, veränderbare Wörter zurückgreifen. Ersetzen Sie die eingeklammerten Adverbien durch passende Komparative und Superlative.

a) Der Praktikant war heute ____________ (bald) in der Kantine als ich.
b) Ich esse das Steak ____________ (gern, Superlativ) medium.
c) Die neue Kollegin bleibt von allen ____________ (oft, Superlativ) als Letzte im Büro.
d) Der Chef hat von allen ____________ (sehr) über seinen Witz gelacht.
e) Meine Kollegin fährt ____________ (gern) mit dem Zug als mit dem Bus.
f) Er beschwerte sich diesmal ____________ (sehr) als beim letzten Meeting.
g) Die Linie 21 fährt ____________ (bald, Superlativ) ab.
h) Wenn Sie ____________ (oft, Komparativ) Überstunden machen würden, stünden wir besser da als die Konkurrenz.

5.2 Präpositionen (Verhältniswörter)

69 Setzen Sie in den folgenden Text die richtigen Präpositionen ein.

__________ einer Woche sind wir __________ einer Incentivereise __________ einem Hotel __________ Holland. __________ des guten Wetters sind wir oft __________ Strand. __________ Sonnenschirm und Windschutz ausgestattet(,) marschieren wir jeden Morgen __________ Wasser. __________ die Dünen führt ein schmaler Pfad direkt __________ Meer. __________ 12 Uhr gehen wir zum Strandrestaurant, __________ dem wir Fischgerichte essen. __________ unserem Mahl halten wir ein Nickerchen. Unsere Chefin hat uns gestern __________ einer kalten Dusche geweckt. __________ unseres Schlafes ist sie __________ einem Eimer __________ Meer gegangen und hat uns __________ einer Düne aus nass gespritzt. __________ sie war es ein Riesenspaß.

70 Setzen Sie die fehlende Präposition ein und schreiben Sie in die Klammer, was für ein Verhältnis durch die Präposition ausgedrückt wird.

zur • um • vor • vor • über • auf • wegen

Beispiel: Vor zwei Minuten ist mein Bus abgefahren. (zeitliches Verhältnis)

a) Jetzt muss ich zu Fuß __________ Arbeit gehen. (________________)

b) __________ meiner Verspätung werde ich sicher Ärger bekommen. (________________)

c) __________ lauter Stress ist mir ganz schlecht. (________________)

d) Im Meeting sollen wir uns nur __________ Englisch verständigen. (________________)

e) Die Besprechung ist __________ 10.30 Uhr zu Ende. (________________)

f) Ich blicke ständig auf die Uhr __________ der Tür. (________________)

5

PRAXISTIPP **Stellung der Präpositionen**

- Die meisten Präpositionen stehen **vor** dem Bezugswort: **nach** Kassenschluss
- Einige Präpositionen können **vor und hinter** dem Bezugswort stehen: **nach** meiner Meinung, meiner Meinung **nach**
- Wenige Präpositionen werden **nachgestellt:** neusten Berichten **zufolge**
- Sogenannte Doppelpräpositionen **umschließen / umklammern** das Bezugswort: **um** des lieben Friedens **willen**

71 Bestimmen Sie jeweils die Präpositionalgruppe und ordnen Sie die Präpositionen nach der Stellung (vorangestellt, nachgestellt, umklammernd).

a) Von Anfang an wollte sie das Projekt nicht übernehmen.
b) Den ganzen Tag über war er schlecht gelaunt.
c) Während des Meetings bleibt das Handy aus.
d) Der Bank gegenüber hat ein neuer Kiosk aufgemacht.

Vorangestellt: ____________________

Nachgestellt: ____________________

Umklammernd: ____________________

72 Bestimmen Sie, ob die Präposition ein lokales (Ort), temporales (Zeit), kausales (Grund) oder modales (Art und Weise) Verhältnis ausdrückt.

a) Jakob hat mit (modal) seinen Kollegen eine Abenteuerwanderung im (__________) Schwarzwald organisiert.

b) Während (__________) der letzten Reise ging es mitten in (__________) der Nacht mit einer Wanderung los.

c) Der Azubi war sehr ängstlich. Vor (__________) lauter Furcht traute er sich kaum vor (__________) das Haus.

d) Nach (__________) zwei Stunden wurden alle, ausgerüstet mit (__________) einem Kompass und einem Handy, im (__________) Wald allein gelassen.

e) Sie sollten den Weg zum Hotel in (__________) weniger als zwei Stunden zurücklegen.

f) Am schnellsten war die Gruppe der Abteilungsleiterin. Durch (____________) Geschick fand sie gut den Weg durch (____________) das unwegsame Gelände.

g) Der Azubi und seine Gruppe taten sich sehr schwer. Erst nach (____________) vier Stunden hatten sie den Weg nach (____________) Hause gefunden.

h) Nach (____________) ihrer glücklichen Heimkehr waren dann doch alle müde und gingen schnell ins (____________) Bett.

PRAXISTIPP **Stellung der Präpositionen**

Präpositionen, die den **gleichen Fall** verlangen, können im Satz gereiht hintereinanderstehen: Er sucht die Socke in *(Dativ)* und unter *(Dativ)* dem Bett.

Bei Präpositionen, die **verschiedene Fälle** fordern, richtet sich der Kasus des Substantivs oder Pronomens nach der **zuletzt stehenden** Präposition:

Sie diskutierten mit *(Dativ)* und ohne *(Akkusativ)* Argumente.

Sie diskutierten teils ohne *(Akkusativ)*, teils mit *(Dativ)* Argumenten.

5

5.3 Konjunktionen (Bindewörter)

73 Setzen Sie in die folgenden Sätze die richtigen Konjunktionen ein.

a) Der Azubi trifft sich mit seinem Kollegen, ______________ der ihm das neue Projekt erläutern kann.

b) Frau Eiser fährt mit dem Fahrrad ins Büro, ______________ es aufgehört hat zu regnen.

c) Die Praktikantin kommt als Letzte zum Essen, ______________ sie eigentlich sonst die Schnellste ist.

d) Meinen Chef juckt es in den Füßen, ______________ er einen Fußball sieht.

e) Meine Kollegin joggt jeden Morgen, ______________ sie zur Arbeit geht.

74 Welche Konjunktion passt nicht dazu? Kreisen Sie sie ein und begründen Sie Ihre Entscheidung.

a) als – nachdem – bevor – falls Erklärung: ____________________

b) und – aber – während – oder Erklärung: ____________________

c) obwohl – und – obgleich – obschon Erklärung: ____________________

75 Ordnen Sie die Konjunktionen aus dem Wortspeicher in die unten stehende Tabelle ein.

als • obschon • nachdem • weil • damit • ehe • dass • obgleich • um zu • falls • wenn • da • bis • obwohl

Zeit	Grund	Zweck	Bedingung	Gegensatz
________	________	________	________	________
________	________	________	________	________
________	________	________	________	________
________	________	________	________	________

76 Konjunktionen können Wörter, Wortgruppen und ganze Sätze miteinander verbinden. Setzen Sie in den folgenden Text die Konjunktionen aus dem Wortspeicher ein.

entweder ... oder • nicht nur ... sondern auch • und • oder • oder • sowohl ... als auch • denn • und • aber

Meine Kollegin möchte im Vorgarten ____________ hinter dem Haus einen Teich anlegen. Sie fragt ____________ ihren Vater ____________ ihren Sohn, ob sie ihr helfen. ____________ möchte sie in den Oster- ____________ in den Sommerferien ihr Projekt starten, ____________ vorher muss sie sich noch genau erkundigen, was sie alles beachten muss. Deshalb informiert sie sich ____________ in Gartenzeitschriften, ____________ in Fachbüchern ____________ sie fragt auch noch die Biologielehrerin ihres Sohnes nach ein paar Tipps. Trotzdem fällt es ihr schwer, zu entscheiden, ob sie lieber einen kleinen pflegeleichten Teich im Vorgarten anlegt ______________ einen etwas größeren ______________ tieferen hinter dem Haus, ______________ ihre Familie lässt ihr völlig freie Hand.

77 Setzen Sie passende Konjunktionen ein.

______________ wir das Kino verlassen hatten, besuchten wir noch ein Schnellrestaurant. Ich bestellte mir nur einen Kaffee, ______________ ich kann Hamburger und Pommes frites überhaupt nicht leiden. ______________ ich keine Schnellrestaurants mag, tue ich den Kindern schon mal den Gefallen ______________ spendiere ihnen ein Kindermenü. ______________ Cola ______________ Pommes haben wir nie zu Hause, ______________ mögen sie das im Schnellrestaurant besonders gerne. ______________ wir wieder zu Hause sind, essen wir gesunde Sachen: Äpfel ______________ Bananen essen wir täglich, ______________ Birnen mögen wir alle nicht.

5

5.4 Interjektionen (Ausrufewörter)

78 Markieren Sie im folgenden Text die Adverbien rot, die Präpositionen gelb, die Konjunktionen grün und die Interjektionen blau.

Als ich heute Morgen im Büro meinen Kalender aufschlug, traute ich meinen Augen kaum: Überall waren rote Striche und blaue Kringel. Während ich noch überlegte, was das sollte, fiel es mir wie Schuppen von den Augen: Meine kleine Tochter hatte wieder einmal Lehrerin gespielt! Als ich abends zu Hause war, stellte ich sie zur Rede. Ihre einzige Reaktion war: „Mmh, bunt. Schön. Lehrer spielt." „Nein!", rief ich. „Das ist nicht schön." Sie schaute mich von unten mit ihren großen blauen Augen an und begann zu weinen. „Ääääääh", schluchzte sie. Mein Mann kam aus der Küche und sah mich fragend an. „Tja", begann ich, „ich glaube, sie hat nicht verstanden, was ich ihr sagen wollte."

6 Die Wortbildung

Adverb (Umstandswort)

Es gibt im Wesentlichen drei Möglichkeiten, neue Wörter zu bilden:

- **Zusammensetzung (Komposition):** Selbstständige Wörter werden zusammengefügt (teilweise mit einem zusätzlichen Fugenelement, s. u.).

Wunder + schön → wunderschön, Arbeit + s + Treffen → Arbeitstreffen

- **Ableitung (Derivation):** Zu einem bestehenden Wort kommt ein Präfix (Vorsilbe) oder ein Suffix (Nachsilbe) hinzu.

ver + spekulieren → verspekulieren, krank + heit → Krankheit

- **Kurzwortbildung:** Längere Wörter oder Wortgruppen werden zu einem neuen Wort (mit meist gleicher Bedeutung) gekürzt.

Deutscher Aktienindex → Dax
Technischer Überwachungsverein → TÜV
Nassauische Sparkasse → Naspa

Die Zusammensetzung

Eine Zusammensetzung (**Kompositum** = Ergebnis der Komposition) ist die Verbindung von zwei oder mehreren Wörtern. Das neu entstandene Wort betont meistens eine besondere Eigenschaft oder ein besonderes Merkmal.

Schadensersatzregulierung, Versicherungsscheinnummer, Privatkundenschalter

Die Teile der Zusammensetzung nennt man **Grundwort** und **Bestimmungswort.** Beide Bestandteile sind in ihrer Reihenfolge nicht beliebig austauschbar, ohne dass sich die inhaltliche Bedeutung verändert.

Bestimmungswort + Grundwort = Kompositum
Wiese + Blume = Wiesenblume
(Blume, die auf Wiesen wächst)
Blume + Wiese = Blumenwiese
(Wiese mit Blumen)

Das **Grundwort** steht immer an letzter Stelle und stellt die Basis der Zusammensetzung dar. Die Wortart und das Genus (Geschlecht) des neu entstandenen Wortes werden durch das Grundwort bestimmt.
Das **Bestimmungswort** ist der erste Wortbestandteil, der das Grundwort näher erklärt.

das Haus + **die Tür** = **die Haustür**

Wunder + **schön** = **wunderschön**
(Substantiv + Adjektiv = Adjektiv)
fertig + **Gericht** = **Fertiggericht**
(Adjektiv + Substantiv = Substantiv)
Eis + **laufen** = **eislaufen**
(Substantiv + Verb = Verb)

Fast alle Wortarten können miteinander kombiniert werden. Wenn Verben als Bestimmungswort dienen, fällt die Infinitivendung (↑ Kap. 1) weg.

hell + blau = hellblau
Himmel + blau = himmelblau
fahr(en) + bereit = fahrbereit
stech(en) + Mücke = Stechmücke

Manchmal benötigt man ein Fugenelement, um die Wörter sinnvoll zu verbinden.

Bild + **er** + Rahmen = Bilderrahmen
Fälschung + **s** + sicher = fälschungssicher

Die Ableitung

Bei einer Ableitung (Derivation) werden dem Wortstamm meist Silben vorangestellt oder angehängt.

freund: freundlich, un-freund-lich, Freund-schaft

Vorangestellte Silben heißen **Präfixe,** die nachgestellten heißen **Suffixe.**

er-blühen, **ver**-blühen, **zer**-brechen
Redakteur-**in,** Büch-**lein,** klein-**lich**

Das Ausgangswort kann auch in seinem Innern verändert werden. Die Veränderung des Stammvokals im Wortstamm nennt man **innere Ableitung.**

brechen → Bruch
genießen → Genuss
reiten → Ritt

Zusätzlich können Präfixe oder Suffixe angefügt werden.

gut → Güt-e, Mauer → Ge-mäuer

6

Die Kurzwortbildung

Bei der **Wortkürzung** werden Wörter nicht länger (wie bei Zusammensetzung und Ableitung), sondern kürzer, da Wortbestandteile weggelassen werden.

Automobil → Auto
Last**k**raft**w**agen → Lkw
Europäische **U**nion → EU
wireless **l**ocal **a**rea **n**etwork → WLAN

Es können **einzelne Buchstaben** eines Wortes oder einer Wortgruppe stehen bleiben (oft die ersten Buchstaben der einzelnen Wortbestandteile).

Arbeitsgemeinschaft der öffentlich-rechtlichen **R**undfunkanstalten der Bundesrepublik **D**eutschland → ARD
unbekanntes **F**lug**o**bjekt → Ufo

Es können **Silben** aus dem Wort oder der Wortgruppe stehen bleiben.

Kinder**ta**gesstätte → Kita
Schieds**ri**chter → Schiri

Es kann ein **zusammenhängender Teil** des Wortes stehen bleiben, das kann auch ein bereits **eigenständiges Wort** sein. Manchmal kommt das Suffix *-i* hinzu.

Mikrofon → Mikro
Omni**bus** → Bus
Hochdruckgebiet → Hoch
Professioneller → Profi

6.1 Die Zusammensetzung

79 Das Grundwort bestimmt das Genus (↑Kap. 2.1) und die Wortart der Zusammensetzung. Unterstreichen Sie bei den folgenden Zusammensetzungen das Grundwort und setzen Sie den richtigen Artikel ein.

a) ______________ Autofahrer

b) ______________ Anlageberaterin

c) ______________ Aktienpaket

d) ______________ Schuldnerberatung

80 Bestimmen Sie die Wortart der folgenden Zusammensetzungen und entscheiden Sie, ob Sie das Wort groß- oder kleinschreiben müssen.

a) Z / zitronengelb ______________________

b) H / hochrechnung ______________________

c) F / fertiggericht ______________________

d) R / riesengroß ______________________

81 Manchmal braucht man zur Verbindung zweier Wörter noch ein sogenanntes Fugenelement. Setzen Sie die folgenden Wörter zusammen. Welches Fugenelement brauchen Sie?

s • en • er • es • n • ens

	Bestimmungswort	Grundwort	Zusammensetzung (mit Artikel)
a)	Ohr	Ärztin	______________________
b)	Freund	Kreis	______________________
c)	Schmerz	Geld	______________________
d)	Aktie	Kurs	______________________
e)	Bewerbung	Schreiben	______________________
f)	Bild	Rahmen	______________________

82 Setzen Sie mithilfe der folgenden Wortbausteine die Adjektive und Substantive richtig zusammen. Manchmal müssen Sie auch Fugenelemente einsetzen.

braun • drehen • Eis • fahren • geheim • gehen • Geist • gut • Hand • Haus • lesen • Pfeil • reiten • Spindel • Staub • Tag

Adjektive	Substantive
____________ dürr	____________ bär
____________ kalt	____________ schein
____________ hoch	____________ tipp
____________ reich	____________ stiefel
____________ trocken	____________ buch
____________ schnell	____________ brille
____________ hell	____________ weg
____________ fest	____________ zeit

PRAXISTIPP **Wann muss man ein Fugen-s setzen?**

Unter den Fugenzeichen ist das Fugen-s das häufigste. Man versteht darunter ein *-s-*, das in zusammengesetzten Wörtern an der „Fuge", der Verbindungsstelle zwischen dem Bestimmungswort und dem Grundwort, steht – dieses *s* ist kein Genitiv-s: Arbeit-*s*-essen, Sensation-*s*-presse.

Der Gebrauch des Fugen-s schwankt. Als Faustregel kann man sich merken, dass ein Fugen-s steht:

- bei Komposita mit z. B. *Armut, Bahnhof, Liebe, Hilfe, Geschichte:* Armutszeugnis, Bahnhofsmitarbeiter, Liebesbrief, Hilfsarbeiter, Geschichtswissen
- bei Komposita mit substantiviertem Infinitiv als Erstglied: Schlafenszeit
- bei Komposita mit Erstgliedern auf *-at, -heit, -ion, -keit, -ling, -schaft, -tät, -tum, -um, -ung:* Magistratsleiter, Konfessionsangehörigkeit, Tapferkeitsmedaille, Belegschaftsarzt, Fakultätssiegel, Altertumsforscher, Museumsleiterin

Bei manchen Wörtern ist sowohl die Variante mit als auch die ohne Fugen-s möglich und korrekt; Komposita mit *-steuer* als Grundwort werden z. B. im fachsprachlichen, behördlichen Kontext ohne Fugen-s verwendet: Einkommensteuer, Körperschaftsteuer, Vermögensteuer, Versicherungsteuer.

In der alltäglichen Sprache steht das Fugen-s: Einkommenssteuer etc.

6.2 Die Ableitung

83 Jedes Wort enthält mindestens einen Wortstamm, dieser Wortstamm kann durch das Voranstellen einer Vorsilbe oder das Anhängen einer Nachsilbe zu einem neuen Wort werden. Zerlegen Sie folgende Wörter in ihre Wortbausteine – Präfix und Wortstamm.

Aufgabe • Vorfall • Zunahme • Eingang • Verkauf • Entschluss • Abfluss

Präfixe:

____

Wortstämme:

____

84 Bilden Sie aus den in Übung 83 gefundenen Präfixen und Wortstämmen neue Wörter.

Beispiel: Aufnahme, Aufgang

____________________ ____________________

____________________ ____________________

____________________ ____________________

85 ***-heit, -keit, -nis, -schaft, -tum*** und ***-ung*** sind Suffixe, mit denen man Substantive bilden kann. Bilden Sie aus den folgenden Adjektiven mithilfe dieser Suffixe Substantive und schreiben Sie sie mit Artikel auf.

a) schön ____________________

b) fähig ____________________

c) reich ____________________

d) verwandt ____________________

e) einig ____________________

f) gleich ____________________

86 Bilden Sie aus folgenden Wortstämmen mithilfe von Suffixen Adjektive. Schreiben Sie die typischen Suffixe zur Adjektivbildung heraus.

a) Wunder: ______ b) Furcht: ______

c) Wind: ______ d) Dauer: ______

Suffixe: ______

87 Von welchen Wörtern sind die folgenden Adjektive abgeleitet? Geben Sie die Wortart an.

a) krankhaft: ______ b) ernsthaft: ______

c) bruchstückhaft: ______ d) triebhaft: ______

e) glaubhaft: ______ f) beispielhaft: ______

6.3 Die Kurzwortbildung

6

88 Geben Sie zu den folgenden Wörtern bzw. Wortgruppen die Kurzformen an. Wenn Sie ein Kurzwort nicht kennen, überlegen Sie, wie man es bilden könnte.

a) Bundesausbildungsförderungsgesetz: ______

b) Bürgerliches Gesetzbuch: ______

c) Fluorchlorkohlenwasserstoffe: ______

d) High Definition Television: ______

e) Akkumulator: ______

f) Bruttoinlandsprodukt: ______

g) Kriminalpolizei: ______

h) Desoxyribonukleinsäure: ______

89 Was bedeuten die folgenden Kurzwörter?

a) GmbH: ______ b) StVO: ______

c) Kfz: ______ d) Reha: ______

7 Die Satzglieder und das Prädikat

Die einzelnen Bestandteile, in die man einen Satz zerlegen kann, nennt man Satzglieder. Sie können aus einem einzelnen Wort oder aus einer Wortgruppe (mehreren zusammengehörenden Wörtern) bestehen.
Um festzustellen, welche Wörter zusammengehören und somit ein Satzglied bilden, gibt es zwei Methoden:

- die Umstell- oder Verschiebeprobe
- die Ersatzprobe

Die Kollegen und Kolleginnen | haben | beim letzten Jour fixe | noch schnell | Geld für ein Geschenk zum Abschied der Praktikantin | eingesammelt.

Bei der **Umstellprobe** stellt man die Teile eines Satzes um, ohne dass sich der Sinn des Satzes ändert. Alle Wörter, die bei der Umstellung zusammenbleiben, gehören zu einem Satzglied. Mit der Umstellung kann man ein Satzglied betonen, indem man es an den Anfang stellt.

Ich | gehe | gerne | mit dir | ins Kino.

Mit dir | gehe | ich | gerne | ins Kino.
(→ mit dir – aber nicht mit Frau Korn!)

Ins Kino | gehe | ich | mit dir | gerne.
(→ ins Kino – aber nicht ins Konzert!)

Ersatzprobe: Ein Satzglied kann man durch andere Wörter oder Wortgruppen ersetzen. Wenn man überlegt, welches Wort bzw. welche zusammengehörenden Wörter ersetzt werden können, dann findet man heraus, welches Wort bzw. welche Wörter ein Satzglied bilden.

Der große Urlaubsplaner der Personalabteilung | befindet sich | im Flur.
Er (= Der große Urlaubsplaner der Personalabteilung)
hängt (= befindet sich)
dort. (= im Flur)

Das Prädikat

Das Prädikat ist der wichtigste Teil des Satzes. Es drückt aus, was jemand oder etwas ist, was geschieht oder was jemand tut.
Das Prädikat besteht oft nicht nur aus einer einfachen Verbform. Zu der konjugierten (gebeugten) Verbform tritt dann ein weiterer Prädikatsteil hinzu.

Der Chef **schimpft.**
Das Obst **schimmelt.**

Der Chef **hat** über mich **geschimpft.**
Der Chef **wird** sicher wieder über mich **schimpfen.**

Man spricht dann von einer **Verbklammer**, weil das Prädikat einen Teil des Satzes umklammert. Die Verbklammer kann auch aus einem Verb mit trennbarem Verbzusatz bestehen (↑ Praxistipp S. 69).

Ich **will** das nicht einfach **hinnehmen.**
Ich **sehe** das nicht **ein.**
Sie **kommt** damit gut **zurecht.**

Am Prädikat erkennt man, wann etwas geschieht oder getan wird bzw. in welchem Zeitverhältnis es zu anderen Geschehen oder Handlungen steht.

Mein Kollege **schreibt** Protokoll.
Mein Kollege **schrieb** Protokoll.
Mein Kollege **hat** Protokoll **geschrieben.**
Mein Kollege **wird** Protokoll **schreiben.**

Die Personalform des Verbs steht im Aussagesatz immer an der zweiten Satzgliedstelle. Da hier also die Umstellprobe nicht funktioniert, ist das Prädikat auch streng genommen kein Satzglied.

Die Sekretärin **besorgt** für das Meeting Getränke.
Getränke **besorgt** die Sekretärin für das Meeting.
Für das Meeting **besorgt** die Sekretärin Getränke.

Das Subjekt

Das Satzglied, das mit *wer?* oder *was?* erfragt werden kann, nennt man **Subjekt** (Satzgegenstand). Es kann aus einem oder mehreren Wörtern bestehen und steht immer im Nominativ (1. Fall). Es bezeichnet die Person oder die Sache, von der das Geschehen ausgeht oder zu der der Zustand gehört. Ein vollständiger Satz besteht mindestens aus dem Subjekt und dem Prädikat.

Der **Ausbilder** liest ein Gesetz vor.
Wer liest ein Gesetz vor?
Der Ausbilder = Subjekt

Das **Gesetz** ist kompliziert.
Was ist kompliziert?
Das Gesetz = Subjekt

7

Prädikat und Subjekt sind eng miteinander verbunden. Sie müssen in Person und Numerus übereinstimmen.

Der Chef lädt zur Feier ein.
Die Abteilungsleiter laden zur Feier ein.
Ich lade zur Feier ein.

Ein Substantiv kann **Beifügungen (Attribute)** haben. Häufig kommen vor:

- **Adjektivattribute**
- **Genitivattribute**
- **präpositionale Attribute**
- **Pronomen**
- **Zahlwörter**
- **Appositionen** (Zusätze z. B. in Kommas)

Urlaub ist die **schönste** Zeit.
Urlaub ist die schönste Zeit **des Jahres.**
Der Urlaub **im Sommer** ist der schönste.
Unser Urlaub ist vorbei.
Zwei Sommer lang hatten wir Urlaub.
Urlaub, **die schönste Zeit des Jahres,** ...

Das Objekt

Oftmals reicht es nicht aus, zu sagen, wer handelt oder was geschieht. Man will auch wissen, auf wen oder auf was sich ein Geschehen bezieht. Eine solche Ergänzung nennt man **Objekt.**

Sie kopiert. Sie **kopiert das Protokoll.**
Du hilfst. Du hilfst **dem Praktikanten.**
Wir reden. Wir reden **über die Chefin.**

Ein Satz kann mehrere Objekte haben. Das Verb bestimmt, wie viele und welche Ergänzungen notwendig sind, damit ein vollständiger Satz entsteht.

Unsere Abteilung macht **einen Ausflug.**
Sie rät **dem Chef | zu dem Vertrag.**
Die Sekretärin gibt **uns | die Tickets.**

Das **Akkusativobjekt** erfragt man mit *wen?* oder *was?*

Sie schätzt **ihre Chefin.**
Wen schätzt sie? Ihre Chefin.
Er sucht **die Akten.**
Was sucht er? Die Akten.

Das **Dativobjekt** erfragt man mit *wem?*

Es geht **ihm** gut.
Wem geht es gut? Ihm.

Das **Genitivobjekt** erfragt man mit *wessen?* Es wird heute nur noch selten gebraucht.

Der Chef nimmt sich **der Fragen** an.
Wessen nimmt sich der Chef an?
Der Fragen.

Das **präpositionale Objekt** (Objekt mit Präposition) erfragt man z. B. mit *auf was?, mit was?, über wen?, von wem?, zu wem?*
Man erkennt es daran, dass das Fragewort allein nicht ausreicht, um festzustellen, welche Wörter bzw. Wortgruppen zusammengehören. Man braucht zusätzlich eine Präposition (↑ Kap. 5.2).

Wir rechnen fest **mit seiner Beschwerde.**
Mit was / Womit rechnen wir fest?
Mit seiner Beschwerde.

Ich bekomme **von ihr** eine Belobigung.
Von wem bekomme ich eine Belobigung?
Von ihr.

Die adverbiale Bestimmung

Adverbiale Bestimmungen oder Ergänzungen (Umstandsangaben) bezeichnen die genaueren Umstände eines Geschehens oder einer Situation.

Mittags esse ich **gern** Pommes frites **an einer Imbissbude.**

Diese Satzglieder sind zwar für die Vollständigkeit eines Satzes nicht notwendig, tragen aber zur Genauigkeit der zu übermittelnden Information bei.

Temporaladverbiale (adverbiale Bestimmungen der Zeit / Zeitdauer)
- geben Auskunft über den Zeitpunkt, die Wiederholung oder die Dauer,
- können mit den Fragewörtern *wann?, wie oft?, wie lange?, seit wann?, bis wann?* erfragt werden.

Mittags esse ich an der Imbissbude.
Nach kurzer Zeit kommt das Essen.
Bis dahin habe ich schon das Wichtigste der Tageszeitung gelesen.
Seit sieben Monaten esse ich hier.
Vor zwei Wochen hat es auch schon mal ein Viertelstündchen gedauert.

Kausaladverbiale (adverbiale Bestimmungen des Grundes) ■ geben Auskunft über den Grund, ■ können mit den Fragewörtern *warum?, weshalb?* erfragt werden.	**Wegen der günstigen Lage** esse ich mittags in einem Schnellrestaurant. **Aus ganz bestimmten Gründen** gehe ich zum Essen nicht nach Hause. **Durch die zeitaufwendige Bahnfahrt** bleibt mir keine Zeit, in Ruhe zu essen.
Modaladverbiale (adverbiale Bestimmungen der Art und Weise) ■ geben Auskunft über die Beschaffenheit und Intensität, ■ können mit den Fragewörtern *wie?, wie viel?, wie sehr?* erfragt werden.	**Gern** esse ich im Schnellrestaurant. **Lieber** würde ich natürlich ins Dreisterne-restaurant gehen. **Leider** fehlt mir dazu das Geld. **Zum Glück** kennt man mich dort. **Normalerweise** geht es dort **schnell.**
Lokaladverbiale (adverbiale Bestimmungen des Ortes) ■ geben Auskunft über den Ort, die Richtung, die Herkunft, ■ können mit den Fragewörtern *wo?, wohin?, wie weit?* erfragt werden.	**Im Schnellrestaurant** esse ich gern. **Vor dem Bahnhof** befindet sich auch noch ein Dönerladen. **Auf einer großen Tafel** sind dort Hunderte von Speisen angeschlagen.
Des Weiteren gibt es noch **adverbiale Bestimmungen** ■ **des Mittels (instrumental:** *womit?, wodurch?*) ■ **des Zwecks (final:** *wozu?, in welcher Absicht?*) ■ **der Bedingung (konditional:** *unter welcher Bedingung?*) ■ **der Folge (konsekutiv:** *mit welcher Folge?, mit welcher Wirkung?*) ■ **der Einräumung (konzessiv:** *trotz wessen?, trotz welchen Hindernisses?*)	**Durch den Newsletter** bin ich jetzt immer informiert. **Zur allgemeinen Information** gibt es jetzt den Newsletter. **Mit einem funktionsfähigen Computer** erhalte ich den Newsletter. **Zum Entsetzen der Kollegen** kommt jetzt täglich ein Newsletter. **Trotz des langsamen Computers** erhalte ich den Newsletter.

7.1 Das Prädikat

90 In den folgenden Sätzen fehlt jeweils das Prädikat. Suchen Sie ein passendes Verb aus und wandeln Sie die Infinitive in die entsprechenden Verbformen um.

machen • lieben • nutzen • gehen • grillen • besuchen

a) Alle Menschen lieben Urlaub.

b) Viele ____________________ die Zeit für Ausflüge in die Umgebung.

c) Mein Mann ____________________ am liebsten ins Freibad.

d) Ich ____________________ gern das technische Museum.

e) Ihr ____________________ gern Radtouren.

f) Meine Kollegen ____________________ jeden Freitag am See.

91 Suchen Sie den wichtigsten Teil des Satzes, das Prädikat, und unterstreichen Sie es. Achtung: Das Prädikat kann auch zweiteilig sein (konjugierte und nicht konjugierte Prädikatsteile)!

a) Unsere Chefin kann gut kalkulieren.

b) Die Kundin stand schon vor der Öffnungszeit vor der Bank.

c) Früher sind wir im Verkauf besser gewesen.

d) Der Fleißige wird mit Erfolg belohnt werden.

e) Wir mussten uns vier lange Vorträge anhören.

f) Zum Skat braucht man drei Personen.

g) Beim Meeting habe ich Protokoll geschrieben.

h) Sie strömten zu Tausenden zur Wiedereröffnung unserer Filiale.

92 Ergänzen Sie das Prädikat mit der passenden Personalendung.

a) Ich hab_____ einen Frosch im Hals.

b) Wir nag_____ am Hungertuch.

c) Er mach_____ die Pferde scheu.

d) Ihr bleib_____ stumm wie ein Fisch.

93 Füllen Sie die Lücken aus: Suchen Sie aus dem Wortspeicher einen passenden Infinitiv und setzen Sie ihn in der richtigen Verbform ein.

mögen • finden • fahren • herstellen • basteln • bleiben • verbringen • nutzen

a) Meine Kollegin Lea ____________ gerne in den Urlaub, aber ihr Mann ____________ lieber zu Hause.

b) Er ____________ sehr gerne und ____________ jede freie Minute für sein Hobby.

c) Leas Tochter ____________ dieses Hobby nicht, denn oftmals ____________ ihr Vater den ganzen Abend im Hobbykeller.

d) Nur Leas Sohn ____________ es toll, dass sein Vater so viele Dinge selbst ____________.

94 Unterstreichen Sie im folgenden Text alle Prädikate.

Versuchen Sie es doch mal mit einem neuen Gericht aus der französischen Küche: Mandelzwieback! Dazu benötigen Sie zwar etwas Zeit und Fingerspitzengefühl, aber der Aufwand lohnt sich.
Zunächst mahlt man 250 Gramm Mandeln. Dann verrührt man vier Eier mit 50 Gramm Zucker. Nun siebt man 500 Gramm Mehl, gibt die Mandeln hinzu und verknetet das Ganze mit der Eier-Zucker-Masse zu einem festen Teig. Anschließend rollt man den Teig zu länglichen Bändern und setzt sie auf ein Backblech. Dann bäckt man die Teigrollen bei mittlerer Hitze 30 Minuten.

7

PRAXISTIPP Trennbare und untrennbare Verben

Manche Verben, die mit *durch-*, *über-*, *um-*, *unter-* beginnen, gibt es in zwei unterschiedlichen Betonungen: *übersetzen – übersetzen.*

Trennbare Verben (Betonung auf dem ersten Teil) werden aufgespalten.
Er **holte** die Akten **wieder.** • Das Boot **setzte über.** • Sie **ging hinaus.**

Ist der erste Teil nicht betont, handelt es sich in der Regel um ein **untrennbares Verb,** das nicht aufgespalten wird.
Er **wiederholte** die Prüfung. • Sie **übersetzte** simultan. • Er **überging** sie.

95 Schreiben Sie eine kurze Geschichte über Ihre Kollegin, die mit einer neuen Frisur vom Friseur kommt. Benutzen Sie dabei die Verben aus dem Wortspeicher. Unterstreichen Sie in Ihrem Text alle Wörter, die zum Prädikat gehören.

zerplatzen • zurückkehren • verzweifeln • stehen • ankommen • hochstecken • nachdenken

Vanessa ließ den Kopf hängen: Die Haare, die sie so lange hatte wachsen lassen, waren ab!

____

____

____

____

____

____

____

____

7.2 Das Subjekt

96 Welche Wörter bilden ein Satzglied? Wenden Sie die Umstellprobe und die Ersatzprobe an. Trennen Sie dann die Satzglieder durch Striche voneinander ab.

a) Die Frau | trat | auf die Straße.

Umstellprobe: *Auf die Straße trat die Frau.*

Ersatzprobe: ________________

b) Dieses Spiel war ein großer Erfolg.

Umstellprobe: ________________

Ersatzprobe: ________________

c) Gestern fand ich eine kleine Münze auf dem matschigen Boden.

Umstellprobe: ________________

Ersatzprobe: ________________

97 Meine Kollegin und ihre Familie verbringen den Urlaub bei Verwandten in London. Setzen Sie die passenden Antworten auf die Fragen nach den Subjekten ein.

Ihr Sohn Lukas und sein neuer Freund Ben treffen sich täglich auf der Straße, um gemeinsam Inlineskates zu fahren. Währenddessen besuchen seine Eltern jeden Tag ein Museum. Als die Eltern das Wachsfigurenkabinett auf dem Besichtigungsprogramm haben, schlagen sie ihrem Sohn vor mitzugehen. In diesem Museum werden viele bekannte Persönlichkeiten als lebensgroße Wachsfiguren ausgestellt. Nach der anstrengenden Museumstour spendieren die Gastgeber eine Runde „fish and chips". „Fish and chips" sind das englische Nationalgericht.

a) Wer trifft sich jeden Tag zum Inlineskaten auf der Straße?

b) Wer besucht jeden Tag ein Museum?

c) Was ist das englische Nationalgericht?

d) Was wird im Wachsfigurenkabinett ausgestellt?

e) Wer schlug Lukas vor, das Wachsfigurenkabinett zu besuchen?

f) Wer spendierte eine Runde „fish and chips"?

98 Bestimmen Sie die einzelnen Satzglieder nach dem Beispiel: ***Wir nahmen uns des Igels an. Wir:*** Subjekt – ***nahmen uns an:*** Prädikat – ***des Igels:*** Genitivobjekt

a) Sie hat die schwere Tüte getragen.

b) Die Abmahnung hat sie ihrem Kollegen Sebastian zu verdanken.

c) Um den Praktikanten hat sich Tobias gekümmert.

7

7.3 Das Objekt

99 Trennen Sie die Satzglieder durch senkrechte Striche voneinander, unterstreichen Sie das Prädikat und schreiben Sie für die blau markierten Satzglieder die Kasusfrage auf. Bestimmen Sie, ob es sich um ein Subjekt (S), ein Genitivobjekt (GO), ein Dativobjekt (DO), ein Akkusativobjekt (AO) oder ein Präpositionalobjekt (PO) handelt.

a) Im Mittelalter | lebte | in einem kleinen Dorf | eine berühmte Heilerin.

Wer lebte im Mittelalter in einem kleinen Dorf? Eine berühmte Heilerin (S).

b) Viele Menschen vertrauten dieser Heilerin.

c) Drei Ärzte versuchten, dem kranken Bürgermeister zu helfen.

d) Doch kein Arzt wusste Rat.

e) Da bat die Frau des Kranken die Heilerin um Hilfe.

f) Die Heilerin gab der Frau bereitwillig die rettende Medizin.

g) Später wurde die Heilerin der Hexerei angeklagt.

h) Nun bedurfte sie der Hilfe des Bürgermeisters.

i) Doch dieser hatte die Tat der Heilerin vergessen.

j) Die Frau wurde am 14.4.1169 auf dem Scheiterhaufen verbrannt.

100 Setzen Sie passende Präpositionalobjekte in die Lücken ein. Schreiben Sie darunter, wie man das Präpositionalobjekt erfragt.

a) Theo fürchtet sich ______

Frage: ______

b) Ich halte ihn ______

Frage: ______

c) Manchmal kann man nur ______ hoffen.

Frage: ______

d) Sarah entwickelt sich ______

Frage: ______

101 Vermeiden Sie die gehoben klingenden Genitivobjekte, indem Sie andere Verben benutzen.

a) Ich harre der Entscheidung der Chefin.

______

b) Er bediente sich einer gepflegten Ausdrucksweise.

______

c) Wir nahmen uns unserer neuen Auszubildenden an.

______

d) Auf der Flucht entledigte sich der Dieb seiner Beute.

______

e) Die Gesellen bedurften der Hilfe des Meisters.

______

f) Der Patient wurde des Rauchens entwöhnt.

______

g) Der Dieb bemächtigte sich der Tasche der Passantin.

______

7.4 Die adverbiale Bestimmung

102 Polizisten befragen Passanten zu einem Überfall. Sie waren Zeuge und werden gebeten, die Fragen exakt zu beantworten. Schreiben Sie die Antworten auf.

Überfall auf der Hochstraße

Heute ereignete sich gegen 12.30 Uhr auf der viel besuchten Hochstraße ein Überfall auf das Juweliergeschäft Schmidt. Passanten hatten beobachtet, dass ein Mann schon seit einer Stunde an der Imbissbude stand und den gegenüberliegenden Juwelierladen genauestens beobachtete. Wegen der zahlreichen Kunden kam der Imbissbudenbesitzer aber nicht dazu, die Polizei zu verständigen. Lautlos wie eine Katze schlich der Mann in das Geschäft und stand plötzlich an der Hauptkasse. Mithilfe einer Waffe gelang es dem Räuber, den Juwelier zur Herausgabe des Tresorschlüssels zu bewegen. Aus Furcht betätigte der Verkäufer die Alarmanlage nicht. Das Ausrauben des gesamten Tresors dauerte nur ungefähr zehn Minuten. Der unbekannte Täter konnte mit einem Fahrrad entkommen.

a) Wann ereignete sich der Überfall?

____

b) Wo geschah der Überfall?

____

c) Wie konnte der Täter entkommen?

____

d) Wie schlich sich der Dieb in das Geschäft?

____

e) Wie lange dauerte das Ausrauben des gesamten Ladens?

____

f) Wie beobachtete der Mann den Juwelierladen von der Imbissbude aus?

____

g) Wie lange stand der Mann schon an der Imbissbude?

____

h) Wie gelangte der Räuber an den Tresorschlüssel?

____

103 Bestimmen Sie mithilfe von Fragen die adverbialen Bestimmungen.

a) Um 1910 etablierte sich das Kino als beliebte Freizeitbeschäftigung.

Wann etablierte sich das Kino als beliebte Freizeitbeschäftigung?

(temporal)

b) In vielen großen Städten Deutschlands öffneten riesige Lichtspielhäuser.

c) Die Besucher schauten sich fasziniert die laufenden Bilder auf der Leinwand an.

d) Durch die Erfindung der Tonspur war der Siegeszug des Kinos nicht mehr aufzuhalten.

e) Die älteren Menschen verteufelten aus Furcht vor der neuen Technik das Kino.

PRAXISTIPP **Adverbiale Bestimmung, Attribut oder Präpositionalobjekt?**

- Eine **adverbiale Bestimmung** ist ein Satzglied, das zusätzliche Informationen liefert (Zeit, Ort, Grund usw.). Sie wird mit *wann?, wie lange?, wo?, wie?, weshalb?* usw. erfragt.
  Marie spielt **in ihrer Freizeit** Theater. = Temporaladverbiale (wann?)
  Marie spielt **gern** Theater. = Modaladverbiale (wie?)
- Ein **Attribut** ist **kein selbstständiges Satzglied,** es ist eine Beifügung und bleibt bei der Ersatz- oder Umstellprobe immer mit seinem Bezugswort verbunden. Man erfragt es z. B. mit den Fragewörtern *welche(r)?, was für eine(r)?*.
  Marie spielt in ihrer **knappen** Freizeit gern **experimentelles** Theater.
  knappen = Attribut zu Freizeit, experimentelles = Attribut zu Theater
- Das **präpositionale Objekt** (↑S. 66) wird von dem Verb bestimmt, von dem es abhängt *(sich kümmern **um**, anknüpfen **an**, suchen **nach** ...)*; die entsprechende Präposition *(um, an, nach* etc.) erscheint im Fragewort:
  Er wartet **auf die Akten.** **Worauf / auf was** wartet er?

104 **Entscheiden Sie, ob die blau markierten Wendungen Attribute (ATT) oder adverbiale Bestimmungen (AB) sind (↑Praxistipp S. 75).**

a) Am Anfang des Markttages liefern die geschäftstüchtigen Händler ihre Waren auf dem riesigen Platz (________) an.

b) Die Bauern aus den umliegenden Dörfern (________) verkaufen ihre Ware.

c) Die meisten kaufen im nahe gelegenen Großmarkt (________) noch Waren zu.

d) Die Waren aus dem Großmarkt (________) kommen zum Teil aus weit entfernten Ländern (________).

e) Auf dem Großmarkt (________) werden Waren aus weit entfernten Ländern (________) angeboten.

105 **Bestimmen Sie, ob es sich um ein präpositionales Objekt (PO) oder eine adverbiale Bestimmung (AB) handelt.**

a) Mit vorgehaltener Waffe (________) bedroht der Täter den Kassierer.

b) Der Dieb durchwühlt den Tresor nach Edelsteinen (________) und flüchtet danach auf die Straße (________).

c) Vor Schreck (________) lässt der Verkäufer den Ring fallen, ohne auf dessen Verbleib (________) zu achten.

d) Der Polizist spricht mit den Zeugen (________), die den Überfall aus der Ferne (________) beobachtet haben.

106 **Bestimmen Sie die blau markierten Satzglieder. Unterscheiden Sie zwischen adverbialen Bestimmungen (AB), Attributen (ATT) und Präpositionalobjekten (PO).**

a) Der KfZ-Mechaniker arbeitet mit großer Sorgfalt (________) an der Reparatur.

b) Er verfügt über exzellentes Fachwissen (________).

c) Ein Auszubildender holt die Kiste mit dem Werkzeug (________).

d) Durch die gute Zusammenarbeit (________) schafft das Team die schwierige Reparatur in weniger als zwei Stunden (________).

8 Einfache und komplexe Sätze

Einfache Sätze

Einfache Sätze kann man in
- Aussagesätze,
- Fragesätze und
- Aufforderungssätze unterteilen.

Dies ist ein Satz.
Ist dies ein Satz?
Formuliere einen Satz!

In **Aussagesätzen** steht das finite (gebeugte) Verb an zweiter Satzgliedstelle (↑Kap. 7.1). Es kann sich bei einem Aussagesatz um eine (richtige oder auch falsche) Äußerung oder z.B. um eine Prognose oder ein Versprechen handeln.

Rom ist die Hauptstadt Italiens.
Florenz ist die Hauptstadt Italiens.
Bald wird Pisa die Hauptstadt Italiens.
Wir fahren auch bald nach Italien.
Wir werden auch bald nach Italien fahren.

Bei den **Fragesätzen** (Interrogativsätzen) unterscheidet man
- **Entscheidungsfragen** (Wortfragen),
- **Ergänzungsfragen** (W-Fragen).

Bei den **Entscheidungsfragen** steht die Personalform des Verbs an erster Stelle. Der Gesprächspartner kann nur mit „Ja" oder „Nein" antworten.

Haben Sie die Akten fertig bearbeitet? – Nein.

Bei den **Ergänzungsfragen** steht ein Fragewort *(wer?, was?, wann?, wo? ...)* an erster Stelle und dahinter erst die Personalform des Verbs. Die Antwort besteht meist aus mehreren Wörtern oder einem ganzen Satz, weil die Antwort über Sachverhalte, Dinge oder Personen informieren soll.

Wann werden Sie die Akten bearbeitet haben? – Spätestens Anfang nächster Woche.

8

Aufforderungssätze sind meist **Befehlssätze (Imperativsätze).** Das Verb steht dabei im Modus Imperativ (↑Kap. 1.3). Es gibt neben den Formen der 2. Person Singular und Plural noch Höflichkeitsformen im Plural und Verbindungen mit dem Pronomen *wir.*

Gib mir die Akten!
Gebt mir die Akten!
Geben Sie mir die Akten!
Holen wir uns die Akten!

Satzreihen und Satzgefüge

Sätze werden nach ihrer Form untergliedert in **Hauptsätze** und **Nebensätze.**

Das ist ein Hauptsatz.
Der Satz, der zwischen den Kommas steht, ist ein Nebensatz.

Von einer **Satzreihe** oder **Satzverbindung (Parataxe)** spricht man, wenn ein Hauptsatz mit einem weiteren Hauptsatz verbunden ist. Satzreihen sind durch Kommas oder durch nebenordnende Konjunktionen *(und, oder, aber, denn ...)* miteinander verbunden.

Ich musste noch arbeiten *(HS)*, aber mein Kollege durfte schon gehen *(HS)*.
Ich musste noch arbeiten *(HS)* und mein Kollege durfte schon gehen *(HS)*.

Als **Satzgefüge (Hypotaxe)** bezeichnet man die Verbindung von Hauptsatz und Nebensatz. Nebensätze werden immer mit einem Komma vom übergeordneten Satz abgetrennt.

Ich war noch im Büro *(HS)*, damit der Vortrag fertig wurde *(NS)*.
Nachdem die Arbeit erledigt war *(NS)*, ging ich nach Hause *(HS)*.

Beim **Konstruieren von Satzgefügen** ist zu beachten:

- **Nebensätze** können innerhalb des Satzgefüges an unterschiedlichen Stellen stehen: sowohl **vor (1)** als auch **nach (2) dem Hauptsatz** oder in diesen **eingeschoben (3).**

(1) Nachdem er sich zwei Stücke Kuchen einverleibt hatte *(NS)*, aß er noch eine Tafel Schokolade *(HS)*.
(2) Er aß noch eine Tafel Schokolade *(HS)*, nachdem er sich zwei Stücke Kuchen einverleibt hatte *(NS)*.
(3) Er aß *(HS Teil I)*, nachdem er sich zwei Stücke Kuchen einverleibt hatte *(NS)*, noch eine Tafel Schokolade *(HS Teil II)*.

- Von einem Hauptsatz können auch **mehrere Nebensätze abhängen.**

Das Buch *(HS Teil I)*, **das ich mir ausgeliehen habe** *(NS I)*, habe ich sofort gelesen (HS Teil II), **weil es spannend war** *(NS II)*.

- Von einem Nebensatz (1. Grades), der selbst von einem Hauptsatz abhängt, kann wiederum ein Nebensatz (2. Grades) abhängen.

Das Kino war bereits voll *(HS)*, **sodass alle Leute** *(NS 1. Grades, Teil I)*, **die noch draußen warteten** *(NS 2. Grades)*, keinen Platz mehr bekamen *(NS 1. Grades, Teil II)*.

Zwei **Hauptsätze** können auch durch **Adverbien miteinander verbunden** werden, sodass ein begründender (kausaler), zeitlicher (temporaler) usw. Bezug hergestellt wird (↑Praxistipp S. 82).

Ich war gestern todmüde, **daher / deshalb / deswegen** bin ich früh ins Bett gegangen. *(= kausal)*
Ich habe noch gelesen, **dann / danach** bin ich ins Bett gegangen. *(= temporal)*

8.1 Aussagesatz, Fragesatz, Aufforderungs-/Befehlssatz

107 Man benutzt verschiedene Arten von Sätzen, je nachdem, ob man etwas aussagen, jemanden auffordern oder etwas fragen will. Bestimmen Sie, um welche Satzarten es sich handelt. Fügen Sie die richtigen Satzzeichen hinzu.

Die Abteilung macht einen Betriebsausflug und zwischendurch passiert es:

a) Ein Auto bleibt mit einer Reifenpanne liegen_._

Aussagesatz

b) Alle Kollegen begeben sich sofort an die Arbeit__

____

c) „Hast du irgendwo die Anleitung für den Reifenwechsel gesehen__"

____

d) „Für diese einfache Reparatur brauchen wir bestimmt keine Anleitung__"

____

e) „Wer von euch hat denn schon mal einen Reifen gewechselt__"

____

f) „Gib mir doch mal den Wagenheber her__"

____

g) „Wo hast du den Schraubenschlüssel hingelegt__"

____

h) „Die Schraube klemmt__"

____

i) „Reich mir bitte die Radkappe__"

____

j) Mit vereinten Kräften ist der Reifen schnell gewechselt__

____

k) Nun können sie endlich ihre Fahrt fortsetzen__

____

8

108 An welcher Stelle im Satz befindet sich in Übung 107 jeweils die Personalform des Prädikats?

Aussagesatz: ______________________________

Fragesatz: ______________________________

Aufforderungssatz: ______________________________

109 Welche Arten von Fragesätzen kommen in Übung 107 vor?

Satz c): ______________________________

Satz e): ______________________________

Satz g): ______________________________

110 Wieder ins Auto eingestiegen, sagt Frau Müller zu ihrem Kollegen: „Du fährst weiter." Wie muss der Satz betont werden, wenn er als Frage, als Aufforderung oder als Feststellung verstanden werden soll? Formulieren Sie den Satz so um, dass auch in geschriebener Form die Absicht zu erkennen ist.

Frage: ______________________________

Aufforderung: ______________________________

Feststellung: ______________________________

PRAXISTIPP **Sätze übersichtlicher gestalten**

Manchmal ist ein langer Satz schwer zu verstehen, weil seine Gliederung nicht klar ist oder weil der Satz gar nicht gegliedert ist. Das Beste ist es in einem solchen Fall, aus einem Satz mindestens zwei Sätze zu machen.

Bei dieser Sachlage besteht kein Anspruch auf Entschädigung aus dem Unfallversicherungsvertrag, da nach § 3 Ziffer 4 der Allgemeinen Unfallversicherungsbedingungen Unfälle infolge von Bewusstseinsstörungen, auch wenn diese durch Trunkenheit verursacht wurden, ausgeschlossen sind.

Bei dieser Sachlage besteht kein Anspruch auf Entschädigung aus dem Unfallversicherungsvertrag. Nach § 3 Ziffer 4 der Allgemeinen Unfallversicherungsbedingungen sind nämlich Unfälle infolge von Bewusstseinsstörungen ausgeschlossen, auch wenn diese durch Trunkenheit verursacht wurden.

8.2 Satzreihen

111 Satzreihen können mit einer Konjunktion verbunden werden. Setzen Sie bei den folgenden Sätzen die passenden Konjunktionen ein. (Die einzelnen Konjunktionen können mehrfach gebraucht werden.)

und • denn • aber • doch

a) Die neue Kollegin lässt ihre Gäste zum Einstand am gedeckten Tisch Platz nehmen(,) ______________ sie fordert alle dazu auf, reichlich zuzuschlagen.

b) Es gibt Kanapees mit Lachs, ______________ darauf haben sich alle gefreut.

c) Die Kollegin hat auch noch viele Früchte klein geschnitten, ______________ die Erdbeeren hat sie ganz gelassen.

d) Jeder isst Berge von Obst und Kanapees, ______________ das Essen reicht für alle, ______________ die neue Kollegin hat genug vorbereitet.

e) Sie ist sehr zufrieden mit ihrer Feier(,) ______________ am Abend geht sie beruhigt ins Bett.

112 Setzen Sie die Adverbien in die folgenden Satzverbindungen ein und schreiben Sie in die Klammer, um welches Verhältnis es sich handelt (↑Tipp nächste Seite).

dadurch • dazu • daraufhin • dennoch • ~~deshalb~~ • deswegen • trotzdem

Beispiel: Unser Urlaub ist am Samstag zu Ende, deshalb ist unsere letzte Woche im Hotel nun angebrochen. (kausal)

a) Gestern Abend haben wir bis spät in der Nacht diskutiert, ______________ haben wir heute Morgen alle lange geschlafen. (______________)

b) Leider hat heute Morgen Maries Wecker nicht geklingelt, ______________ hat sie verschlafen und es nicht geschafft, beim Bäcker Brötchen zu holen. (______________)

c) In der nächsten Woche ist hier ein Konzert im Kurhaus, ______________ müssen wir leider nach Hause fahren. (______________)

d) Vorige Woche haben wir eine Weinprobe veranstaltet, ____________ haben wir einen Winzer der Region eingeladen. (____________)

e) Leider regnet es in den letzten Tagen recht häufig, ____________ können wir nicht mehr so oft draußen sein. (____________)

f) Gestern waren wir lange in einem Lokal, ____________ bin ich heute nicht müde. (____________)

PRAXISTIPP **Adverbien zur Verbindung zweier Hauptsätze**

Durch Adverbien können die Handlungen oder Tatsachen, von denen in den beiden Sätzen einer Satzreihe die Rede ist, näher aufeinander bezogen werden.

Verhältnis	Fachbegriff	gebräuchliche Adverbien
begründend	kausal	*deshalb, deswegen*
eine Handlung als Folge der anderen	konsekutiv	*dadurch, dazu, so*
nicht ausreichender Gegengrund	konzessiv	*dennoch, trotzdem*
zeitlich	temporal	*dann, darauf, danach*
nähere Umstände einer Handlung	modal	*damit, dadurch*

8.3 Satzgefüge

113 Stellen Sie jeden Satz zweimal um, sodass der Nebensatz jeweils an einer anderen Stelle steht.

a) Ich kam zu spät zur Arbeit, weil ich den Zug verpasst hatte.

____

____

b) Während ihr Mann das Wohnzimmer saugte, las sie in aller Ruhe ein Buch.

____

____

114 Bestimmen Sie den Hauptsatz sowie die Nebensätze 1. und 2. Grades.

a) Der Zug hatte fast eine halbe Stunde Verspätung, sodass alle Leute, die mit

dem Zug zur Arbeit fahren, zu spät kamen.

b) Heute Morgen, bevor ich zur Arbeit ging, öffnete ich das Fenster,

das zur Straße zeigt.

c) Gestern Abend, als ich mein Abendbrot, das ich mir nett angerichtet

hatte, aß, klingelte es an der Tür.

115 Formulieren Sie die folgenden Sätze so um, dass aus den blau hervorgehobenen Satzgliedern ein Nebensatz wird.

Beispiel: Wir erinnerten uns der schon gesehenen Filme.

Wir erinnerten uns an die Filme, die wir schon gesehen hatten.

a) Er möchte unsere Hilfe nicht.

b) Zur Klärung der Streitfrage führten wir eine Diskussion.

c) Nach dem Essen tranken wir Tee.

d) Die Zuhörer begrüßend(,) begann er seine Rede.

e) Wegen des Regens gehen wir nicht wandern.

8

9 Die Nebensätze

Nebensätze können nach verschiedenen Gesichtspunkten unterschieden werden. Man kann sie gliedern

- nach **formalen** Gesichtspunkten,
- nach **funktionalen** Gesichtspunkten,
- nach **inhaltlichen** Gesichtspunkten.

Formale Gliederung

Je nachdem, **auf welche Art** der Nebensatz mit dem übergeordneten Satz **verknüpft** ist, unterscheidet man **Konjunktional-, Pronominal-, Infinitiv- und Partizipialsätze:**

- **Konjunktionalsätze** werden durch unterordnende Konjunktionen (↑Kap. 5.3) wie *dass, ob, weil, wenn* eingeleitet.

  Ich glaube, **dass ich mein Ziel erreiche.**
  Wenn er noch einmal zu spät kommt, erhält er eine Abmahnung.

- **Pronominalsätze** werden durch Pronomen eingeleitet (**Relativsatz** oder **Interrogativsatz** = indir. Fragesatz).

  Das Geld, **das ich im Sommer verdient habe,** ist längst ausgegeben.
  Ich wusste nicht, **was ich tun sollte.**

- **Infinitivsätze** haben einen erweiterten Infinitiv bei sich.

  Es ärgerte die Kollegin, **als Tippse bezeichnet zu werden.**

- **Partizipialsätze** bestehen aus einer Konstruktion mit einem Partizip.

  Auf eine Zusage hoffend(,) wartete er auf die Post.

Funktionale Gliederung

Betrachtet man Nebensätze hinsichtlich ihrer **Funktion**, entsprechen sie einem Satzglied oder einem Satzgliedteil (z. B. einem Attribut); sie sind also **Gliedsätze** oder **Gliedteilsätze.** Es gibt

- **Subjektsätze,** — **Wer pünktlich kam,** wurde gelobt.
- **Objektsätze,** — **Wer mein Freund ist,** dem vertraue ich.
- **Adverbialsätze,** — Den Winter verbringt er, **wo es warm ist.**
- **Attributsätze** (die wichtigste Form des Attributsatzes ist der Relativsatz). — Das Buch, **das ich suchte,** stand im Regal.

Inhaltliche Gliederung

Wenn adverbiale Bestimmungen ein Prädikat enthalten, werden sie satzwertig, also **Adverbialsätze.** Solche Adverbialsätze nehmen damit die Stelle einer adverbialen Bestimmung mit einer bestimmten inhaltlichen Bedeutung ein (↑Kap. 7.4). Man kann sie mit *wo?, wie?, warum?, wann?* usw. erfragen.

Wegen des schlechten Wetters fiel das Rennen aus.
→ **Weil das Wetter so schlecht war,** fiel das Rennen aus.

Die meisten Adverbialsätze sind Konjunktionalsätze: Sie werden eingeleitet durch eine unterordnende Konjunktion; die Personalform des Verbs steht – wie bei allen Nebensätzen – an letzter Satzgliedstelle; sie werden mit Komma vom übergeordneten Satz abgetrennt.
Man unterscheidet sie nach der inhaltlichen Bedeutung.

- **Kausalsatz** (Grund / Ursache: *Warum?*): *weil, da*
- **Konditionalsatz** (Bedingung / Voraussetzung: *Unter welcher Bedingung?*): *wenn, falls, sofern*
- **Finalsatz** (Ziel / Absicht: *Mit welchem Ziel?*): *damit, dass*
- **Konsekutivsatz** (Folge / Wirkung: *Mit welcher Folge?*): *sodass*
- **Konzessivsatz** (Einräumung: *Trotz welcher Einschränkung?*): *obwohl, selbst wenn, wenngleich*
- **Temporalsatz** (Zeitpunkt / Zeitdauer: *Wann?*): *als, bis, nachdem, während*
- **Adversativsatz** (Gegenüberstellung: *Was passiert im Gegensatz dazu?*): *während, (außer) wenn, (an)statt dass*
- **Modalsatz** (Umstände: *Wie?*): *indem, wobei, dadurch ... dass*

Weil der Chef es wollte, machten wir Überstunden.
Falls der Chef es will, machen wir Überstunden.

Wir machen Überstunden, **damit das Projekt abgeschlossen werden kann.**
Wir machten Überstunden, **sodass wir schnell fertig wurden.**
Obwohl wir Überstunden machten, wurden wir nicht fertig.

Als wir fertig waren, begann es zu regnen.

Ich muss arbeiten, **wohingegen du schon feiern gehst.**

Sie motivierten sich, **indem sie an den Feierabend dachten.**

9.1 Der Nebensatz nach formalen Gesichtspunkten

116 Verbinden Sie die folgenden Sätze zu Satzgefügen mit Relativsatz.

a) Das Haus der Geschichte in Bonn ist ein Museum. Das Museum informiert über die Geschichte der Bundesrepublik Deutschland.

____

____

b) Am Eingang haben wir Audioguides zum Umhängen erhalten. Mit diesen Audioguides wurde man durch die einzelnen Jahrzehnte geführt.

____

____

c) Sehr interessant fanden wir eine Abteilung. In dieser Abteilung ging es um die Zeit kurz nach dem Zweiten Weltkrieg.

____

____

117 Wandeln Sie die adverbialen Bestimmungen zuerst in einen Konjunktionalsatz um. Verwandeln Sie sie dann in eine Infinitiv- oder Partizipialgruppe.

	Adverbiale Bestimmung	Konjunktionalsatz	
a)	mit viel Elan	indem sie viel Elan	aufbrachte
	Infinitiv-/Partizipialgruppe:	viel Elan aufbringend	
b)	zu seiner Zufriedenheit	__________	war
	Infinitiv-/Partizipialgruppe:	__________	
c)	vor lauter Nervosität	__________	war
	Infinitiv-/Partizipialgruppe:	__________	
d)	durch seine Geschicklichkeit	__________	bewies
	Infinitiv-/Partizipialgruppe:	__________	
e)	zur Begeisterung der Zuschauer	__________	waren
	Infinitiv-/Partizipialgruppe:	__________	

118 Formen Sie die Nebensätze um, indem Sie Infinitivgruppen verwenden. Achten Sie auch auf die Kommasetzung (↑Praxistipp S. 88).

a) Du hast mir zugesagt, dass du dich um diese Angelegenheit kümmerst.

b) Er hatte sich doch vorgenommen, dass er eine Belobigung schreibt, oder täusche ich mich?

c) Ich versichere dir, dass ich diese Lügerei nicht mehr länger unterstütze.

d) Herr Moll geht davon aus, dass er seinen Chef enttäuscht hat.

e) Sie lud mich ein, ich solle mit ihr zu Mittag essen.

f) Der Meister forderte seine Azubis auf, sie sollten in der Schule aufpassen.

PRAXISTIPP **Abwechslung beim Formulieren durch Infinitivgruppen**

Steht vor einem Infinitiv, d. h. der Grundform des Verbs wie *hören, laufen*, mindestens das Wörtchen *zu*, spricht man von einer Infinitivgruppe. Einfache Infinitivgruppen können durch weitere Wörter ergänzt werden.

Er dachte nicht daran, **heute bei diesem Regen in die Stadt zu gehen.**

Manche Nebensätze kann man verkürzen, indem man den Infinitiv des Verbs mit *zu* verwendet:

Er vergaß, dass er noch telefonieren musste. → Er vergaß zu telefonieren.

Die Infinitivgruppe kann für verschiedene Gliedsätze stehen:

- Subjektsatz: *Es ist schön, **hier zu sein.*** (Was ist schön?)
- Objektsatz: *Sie ist stolz darauf, **die Prüfung bestanden zu haben.*** (Auf was / Worauf ist sie stolz?)
- Adverbialsatz: *Wir beeilten uns, **um nicht zu spät zu kommen.*** (Warum beeilten wir uns?)

9

119 Ergänzen Sie die vorgegebenen Satzanfänge jeweils durch einen Infinitivsatz. Die Stichworte des Wortspeichers sollen Ihnen als Anregung dienen.

im Stau stehen • Mountainbike kaufen • Fahrrad benutzen • sich täglich bewegen • das teure Sportgerät abschließen • einige Kilo abnehmen • etwas für die Fitness tun • Kickboard fahren

a) Viele Stadtbewohner nehmen sich vor ______________________

____

b) Es ärgert sie ______________________

____

c) Durch die zusätzliche Bewegung arbeiten viele daran ______________________

____

d) Besonders für Büroangestellte ist es wichtig ______________________

____

e) In der Mittagspause fasst auch Herr Klein den Vorsatz ______________________

____

f) Er ist wild entschlossen ______________________

____

g) Sein Kollege rät ihm ______________________

____

h) Er findet es nämlich unpraktisch ______________________

____

PRAXISTIPP Kommas bei Infinitivgruppen

Ein **erweiterter Infinitiv mit *zu*** wird mit einem Komma abgetrennt:
- Sie hatte die Absicht, bald zu kündigen.
- Er vergaß, die Karte zu unterschreiben.
- Denk daran, zum Umtrunk zu kommen, und bring bitte das Geschenk mit.

Wenn ein **einfacher Infinitiv mit *zu*** vorliegt, ist das Komma freigestellt:
- Sie hatte die Absicht(,) zu kündigen.
- Er vergaß(,) zu unterschreiben.

120 Satzwertige Fügungen mit einem Partizip als Kern bezeichnet man als Partizipialsätze (= satzwertige Partizipgruppen). Formen Sie die hervorgehobene Partizipgruppe in einen Nebensatz mit Personalform um.

Beispiel: Vom günstigen Preis angelockt(,) betrat Herr Klein das Fahrradgeschäft.
→ Da ihn der günstige Preis anlockte, betrat Herr Klein das Fahrradgeschäft.

a) Durch die Redegewandtheit des Verkäufers überrumpelt(,) kauft er ein zu teures Fahrrad. __________

____

b) Aus dem Kaufrausch erwacht(,) versucht Herr Klein seinen Kauf rückgängig zu machen. __________

____

c) Frau Klein, kein Verständnis für den teuren Kauf habend, schimpft mit ihrem Mann.

____

____

d) Durch den Streit mit seiner Frau angespornt(,) kehrt der Mann wütend in den Laden zurück. __________

____

9.2 Der Nebensatz nach funktionalen Gesichtspunkten

121 Unterstreichen Sie alle Subjekt- und Objektsätze; ergänzen Sie entsprechend die nötigen Kommas. 9

a) Jeden Abend um kurz vor acht zeigt uns der Wetterbericht im Fernsehen wie am darauffolgenden Tag das Wetter wird.

b) Durch Beobachtung und Erhebung physikalischer Daten können die Meteorologen voraussagen ob es am nächsten Tag schönes oder regnerisches Wetter geben wird.

c) Natürlich können sie nicht garantieren dass ihre Voraussagen richtig sind.

d) Wann die Wetterfronten über Deutschland hinwegziehen hängt von der Großwetterlage ab.

e) Aus den Wetterdaten der Satelliten das Wetter exakt vorherzusagen fällt jedoch schwer.

f) Immer wieder kommt es vor dass unerwartete Entwicklungen die Berechnungen über den Haufen werfen.

g) Dass man sich sicher auf den Wetterbericht verlassen kann wünschen sich nicht nur die Leute die einen Urlaub planen.

h) Vor allem die Landwirte möchten im Sommer wissen ob sie ihr Land bewässern müssen oder ob es am nächsten Tag Regen gibt.

i) Auch kann der Wetterbericht bei der Frage helfen wann sie mit der Ernte beginnen sollen.

j) Doch leider wird es nie ganz gelingen das Wetter richtig vorauszusagen.

122 **Bestimmen Sie die unterstrichenen Nebensätze aus Übung 121 nach ihrer Funktion (Objektsatz oder Subjektsatz) und ihrer Form (dass-Satz, indirekter Fragesatz, Infinitivsatz).**

Satzgefüge a): Objektsatz, indirekter Fragesatz

Satzgefüge b): ______

Satzgefüge c): ______

Satzgefüge d): ______

Satzgefüge e): ______

Satzgefüge f): ______

Satzgefüge g): ______

Satzgefüge h): ______

Satzgefüge i): ______

Satzgefüge j): ______

123 Markieren Sie den Nebensatz und bestimmen Sie, ob es sich um einen Subjektsatz, um einen Objektsatz oder um einen Adverbialsatz handelt.

a) Die meisten Menschen kaufen ein, wo sie freundlich und zuvorkommend bedient werden. ______________________

b) Dass die lebensgefährlichen Pocken weltweit ausgerottet sind, verdanken wir dem Impfen. ______________________

c) Wer als Chef hilfsbereit und freundlich ist, wird immer zufriedene Mitarbeiter und Mitarbeiterinnen haben. ______________________

d) Die berühmte Autorin fand ihre letzte Ruhe dort, wo sie 1908 als Tochter eines Landwirts geboren wurde. ______________________

e) Die Kunden können am besten beurteilen, ob diese Filiale zu Recht so berühmt ist. ______________________

124 Wandeln Sie in den folgenden Sätzen die hervorgehobenen Attribute in Attributsätze (Relativsätze) um.

a) Bei einem Autorennen muss der **diensthabende** Streckenposten sehr konzentriert sein.

____

____

b) Die Aufschrift **auf dem Auto** wirbt für eine Bekleidungsfirma.

____

____

c) Zum Schluss wird überprüft, ob das Auto **des Siegers** den Regeln entspricht.

____

____

d) Der **siegreiche** Motorsportler wird mit einem Pokal und einer großen Flasche Champagner geehrt.

____

____

9

9.3 Der Nebensatz nach inhaltlichen Gesichtspunkten

125 Wenn Nominalausdrücke mit der Präposition ***wegen*** verbunden sind, haben sie einen kausalen Sinn. Daher kann man sie auch in Kausalsätze verwandeln. Formulieren Sie die folgenden Teilsätze in kausale Adverbialsätze um.

Warum ist es in Weimar so schön? **In Weimar ist es so schön,**

a) wegen des Schillerhauses, das man besichtigen kann,

... weil man dort das Schillerhaus besichtigen kann,

b) wegen des schönen Parks, in dem das Sommerhaus von Goethe liegt,

____

c) wegen der Straßenmusikanten, die die Besucherinnen und Besucher unterhalten,

____

d) wegen des Cafés am Marktplatz, in dem man den weltbesten Mohnkuchen essen kann,

____

e) wegen der vielen alten Häuser, die gut und geschmackvoll renoviert sind.

____

126 Welche der Sätze geben jeweils den Grund an? Bilden Sie sinnvolle kausale Satzgefüge.

Mein Kollege Martin hat bei seiner Zahnärztin angerufen. Ihm ist gerade ein Stück vom Zahn abgebrochen. ~~Weil mein Kollege Martin bei seiner Zahnärztin angerufen hat, ist ihm gerade ein Stück vom Zahn abgebrochen.~~

Weil ihm gerade ein Stück vom Zahn abgebrochen ist, hat mein Kollege Martin bei seiner Zahnärztin angerufen.

a) Er soll direkt zur Praxis kommen. Die Ärztin will sich bemühen, das Stück wieder anzukleben. ____________________

____

b) Ein Patient hat seinen Termin abgesagt. Martin kann sofort in eines der Behandlungszimmer gehen. ______________________________

____

c) Es gelingt der Zahnärztin, den beschädigten Zahn wieder zu reparieren. Martin ist früh genug zur Praxis gekommen. ______________________________

____

127 **Bringen Sie die Zusammenfassung des Mutterschutzgesetzes in einen Gesetzestext, indem Sie Konditionalsätze (*wenn, falls …*) verwenden.**

Mutterschutzgesetz

Alle Frauen, die in einem Arbeitsverhältnis stehen, genießen während der Schwangerschaft und nach der Geburt einen besonderen Schutz. […]
Die Mutterschutzfrist beginnt grundsätzlich sechs Wochen vor dem berechneten Geburtstermin und endet regulär acht Wochen, bei medizinischen Frühgeburten und Mehrlingsgeburten zwölf Wochen nach der Entbindung. Bei medizinischen Frühgeburten, also in der Regel bei einem Geburtsgewicht von unter 2500 Gramm, […] verlängert sich die Mutterschutzfrist nach der Geburt um die Tage, die vor der Entbindung nicht in Anspruch genommen werden konnten. […]
Weitere wichtige Bestimmungen des Mutterschutzgesetzes sind, dass im Falle eines Beschäftigungsverbotes die werdende Mutter ihren bisherigen Durchschnittsverdienst (Mutterschutzlohn) behält.

Frauen genießen während der Schwangerschaft und nach der Geburt einen besonderen Schutz, ______________________________.

____

______________, endet die Mutterschutzfrist zwölf Wochen nach der Entbindung.

Die Mutterschutzfrist verlängert sich nach der Geburt um die Tage, die vor der Entbindung nicht in Anspruch genommen werden konnten, ______________

______________________________.

Die werdende Mutter behält ihren bisherigen Durchschnittsverdienst (Mutterschutzlohn), ______________________________.

9

128 **Unterstreichen Sie in den folgenden Sätzen die temporalen Nebensätze und entscheiden Sie, ob es sich um einen gleichzeitigen, einen vorzeitigen oder einen nachzeitigen Temporalsatz handelt (↑ Praxistipp unten).**

Beispiel: Nachdem meine Kollegin die Gebrauchsanleitung gelesen hatte, wagte sie sich an den Zusammenbau ihres neuen Schreibtischstuhls.

Zuerst liest die Kollegin die Gebrauchsanleitung. → vorzeitig

a) Bevor sie beginnen konnte, benötigte sie noch einen Schraubendreher und einen Inbusschlüssel.

b) Als sie das Werkzeug gefunden hatte, ging sie in ihr Büro und schloss die Tür, um ungestört zu sein.

c) Während sie die Musik ihrer Lieblingsband hörte, konnte sie sich am besten konzentrieren.

d) Sie wollte mit dem Aufbau fertig sein, ehe sie ihr Büro wieder verließ.

e) Als sie gerade fertig geworden war, riefen die anderen sie zum Mittagessen.

PRAXISTIPP **Die Zeitenfolge im Nebensatz**

Das in einem Nebensatz Genannte kann mit dem Geschehen im Hauptsatz zeitlich zusammenfallen (= Gleichzeitigkeit), es kann ihm vorangehen (= Vorzeitigkeit) oder ihm folgen (Nachzeitigkeit). Besonders für den Temporalsatz, der einen Zeitpunkt oder eine Zeitdauer angibt, ist das interessant.

- **Gleichzeitigkeit:**
  Noch während die Kunden an der Kasse stehen, schließt der Azubi die Tür zu.
- **Vorzeitigkeit:**
  Ich kam zu spät zur Arbeit, **nachdem ich den Zug verpasst hatte.**
- **Nachzeitigkeit:**
  Ich werde das Buch fertig gelesen haben, **bevor mein Urlaub zu Ende ist.**

129 **Die Festschrift zum Firmenjubiläum muss rechtzeitig fertiggestellt werden. Suchen Sie aus den folgenden Wortspeichern je einen Satz heraus und verbinden Sie die beiden Sätze zu sinnvollen finalen Satzgefügen.**

Das Redaktionsteam trifft sich zum letzten Mal. • Frau Eschen erinnert alle immer wieder daran, konzentriert zu arbeiten. • Herr Lost lässt das Rechtschreibprogramm über die Texte laufen. • Die Volontärin hat schon mit einem Copyshop verhandelt. • Der Praktikant hat zur Redaktionssitzung selbst gebackene Muffins mitgebracht. • Frau Hensel hat vor, in der nächsten Woche die alte Abteilungsleiterin zu besuchen.

So erspart er sich den ersten Korrekturgang. • Sie will ihr die Festschrift zuerst übergeben. • Keiner soll vor lauter Hunger früher nach Hause gehen. • Es will die Festschrift heute fertigstellen. • Dann können sie heute Abend noch gemeinsam den Abschluss feiern. • Das Werk soll so schnell wie möglich kopiert werden.

9

130 Formulieren Sie aus den hervorgehobenen konzessiven adverbialen Bestimmungen Konzessivsätze (*obwohl* ...).

a) Trotz der zunehmenden Staus fahren immer mehr Menschen Auto.

____

____

b) Ungeachtet der Gefahren fahren viele Radfahrerinnen und Radfahrer ohne Helm.

____

____

c) Bei steigenden Benzinpreisen fahren die Menschen trotzdem nicht weniger Auto.

____

____

d) Trotz des Stoppschildes halten die Autofahrer an der Kreuzung nicht an.

____

____

e) Ungeachtet der Vorschriften schnallen sich viele Menschen auf dem Rücksitz nicht an. ______________________________

____

131 Entscheiden Sie bei den folgenden Satzgefügen, ob es sich um ein adversatives, ein temporales oder ein konditionales Verhältnis handelt (↑Praxistipp S. 97).

a) Wenn das Licht im Theater ausgeht, steigt die Spannung.

→ ______________________________

b) Herr König ist ein sehr engagierter Praktikant, während seine Kollegin lieber am Computer spielt.

→ ______________________________

c) Wenn du abends liest, habe ich die Gelegenheit fernzusehen.

→ ______________________________

d) Wenn mein Mann das Essen macht, freue ich mich besonders aufs Dessert.

→ ______________________________

PRAXISTIPP **Klar formulieren: entgegensetzend, zeitlich oder bedingend?**

Entgegensetzende, also Adversativsätze sind nicht immer leicht zu erkennen, weil sie häufig von Konjunktionen eingeleitet werden, die auch eine andere Bedeutung haben können. *Während* kann außer einem Adversativsatz auch einen Temporalsatz einleiten (so, wie *wenn* sowohl zu Beginn eines Konditional- als auch eines Temporalsatzes stehen kann). Welche Bedeutung die Konjunktion hat, hängt vom gemeinten Inhalt ab. Formulieren Sie eindeutiger, z. B. für die entgegensetzende Bedeutung mit *wogegen, wohingegen.*

Ich muss schon arbeiten, **während meine Kollegin noch Zeitung liest.**
→ könnte sowohl eine zeitliche als auch gegensätzliche Bedeutung haben.
Ich muss schon arbeiten, **wohingegen meine Kollegin noch Zeitung liest.**
→ hat eindeutig eine gegensätzliche Bedeutung.

Wenn ich früher nach Hause gehe, arbeitet mein Kollege weiter.
→ könnte sowohl zeitlich als auch konditional sein.
Falls ich früher nach Hause gehe, arbeitet mein Kollege weiter.
→ hat eindeutig eine konditionale Bedeutung.

132 Unterscheiden Sie bei den folgenden Satzreihen, was die Ursache und was die Wirkung ist. Bilden Sie dann Satzgefüge, setzen Sie dabei die Ursache in den Hauptsatz und die Wirkung in einen konsekutiven Nebensatz.
Achtung: Manchmal müssen Sie die Reihenfolge der beiden Sätze vertauschen.

a) Man ernannte einen engen Vertrauten des Vorsitzenden zum Leiter des Unternehmens. Der Vorsitzende hatte keinen Nachfolger bestimmt.

____

____

b) Der Nachfolger wurde jedoch nicht von allen Subunternehmen anerkannt. Er musste mit einigen harte Auseinandersetzungen führen.

____

____

c) Die kritischen Subunternehmen passten sich an. Der neue Vorsitzende konnte das Unternehmen noch erweitern.

____

____

133 Unterstreichen Sie im folgenden Text alle Nebensätze, die etwas Genaueres zu den Umständen einer Handlung aussagen, und schreiben Sie die einleitenden Konjunktionen heraus.

Kindheit und Jugend auf dem Dorf im Mittelalter

Im Mittelalter starben viel mehr Kinder, als wir es heute gewohnt sind. Dadurch, dass die Bauern in sehr ärmlichen Verhältnissen lebten, hatten sie kein Geld für einen Arzt. Außerdem versuchten die Bäuerinnen zuerst ihre Kinder zu heilen, indem sie auf bewährte Hausmittel und Kräuter zurückgriffen. Ohne dabei auf Sauberkeit und gute Ernährung zu achten, konnten die Eltern ihren Kindern jedoch oft nicht helfen. Die Kinder wuchsen auf, ohne dass sie eine Schule besuchten und Rechnen und Schreiben lernten. Um die Zahl der Esser zu verringern, wurden die Kinder dann in der Regel als Zwölf- bis Vierzehnjährige aus dem Haus gegeben, indem man sie als Knechte und Mägde zu reichen Bauern schickte.
Für die Jungen war es wichtig, im Dorf anerkannt zu werden. Dadurch, dass sie im Alter von vierzehn Jahren in die Gemeinschaft der „Burschen" aufgenommen wurden, wurden sie als vollwertiges männliches Dorfmitglied anerkannt und waren zum Beispiel für die Verteidigung des Dorfes mitverantwortlich. Auch die Mädchen trafen sich an den langen Winterabenden zu einer gemeinsamen Runde, wobei sie unter Aufsicht einer älteren Frau Wolle spannen.

Konjunktionen: dadurch, dass; ____________________

____

134 Formulieren Sie die folgenden Satzreihen zu Satzgefügen mit Modalsätzen um.

a) Die Tochter verkauft auf dem Markt die Schurwolle des letzten Frühjahrs. Damit erhält sie genug Geld, um einen Arzt für ihre kranke Mutter bezahlen zu können.

____

____

b) Der Arzt kommt zu ihnen nach Hause. Gleichzeitig bringt er auch die entsprechenden Medikamente mit.

c) Die Tochter verabreicht ihrer Mutter die Medizin. Dabei vergisst sie nicht, abgekochtes Wasser zu verwenden.

d) Die Mutter nimmt die Medizin. Dadurch gewinnt sie neue Kräfte.

135 **Wandeln Sie die hervorgehobenen Satzglieder in Nebensätze um. Bestimmen Sie die Nebensätze genauer.**

Beispiel: Zur Erholung und Entspannung treiben viele Menschen Sport.

Um sich zu erholen und zu entspannen, treiben viele Menschen Sport.

(Infinitivsatz, Finalsatz)

a) Durch diese sportliche Betätigung tun sie auch etwas für ihre Gesundheit.

b) Zum Erlangen großer Erfolge trainieren sie mehrmals pro Woche.

c) Wegen eines groben Foulspiels bekam ein Spieler die Rote Karte.

d) Nach dem Ende des Spiels denkt der Profi an die nächste Begegnung.

10 Direkte und indirekte Rede

Wenn man die Äußerungen anderer wiedergeben möchte, gibt es zwei Möglichkeiten: die direkte Rede und die indirekte Rede.

Die direkte Rede

In der direkten Rede wird eine Aussage wörtlich wiedergegeben und steht in Anführungszeichen.

Der Chef hat gesagt: „Das Meeting beginnt um 10.00 Uhr."

Die indirekte Rede

In der indirekten Rede wird eine Aussage möglichst wortgetreu wiedergegeben, aber deutlich als die eines anderen gekennzeichnet. Die Äußerungen der indirekten Rede stehen daher **üblicherweise** im **Konjunktiv** (↑Kap. 1.3).

Der Chef hat gesagt, das Meeting **beginne** um 10.00 Uhr.

Wenn die indirekte Rede in einem **dass-Satz** wiedergegeben wird, ist der Konjunktiv nicht nötig, aber möglich.

Der Chef hat gesagt, dass das Meeting um 10.00 Uhr **beginnt / beginne.**

Bei der Umwandlung von direkter in indirekte Rede müssen alle Hinweise auf Personen, Zeit und Ort an die neue Perspektive angepasst werden.

Frau Müller sagte: „**Ich** bin **morgen** nicht **hier.**"
Frau Müller sagte, **sie** sei **am nächsten Tag** nicht **im Büro.**

Die indirekte Frage

Ein indirekter Fragesatz wird durch die gleichen Fragepronomen eingeleitet wie der direkte Fragesatz (z. B. *was?, wann?, wer?, warum?*).

Ich weiß nicht, was ich tun soll.
(Was soll ich tun?)

Nach indirekten Fragesätzen steht kein Fragezeichen; sie stehen häufig im Indikativ.

Die Chefin möchte wissen, wann das Meeting stattfindet.
(Wann findet das Meeting statt?)

Eine indirekte Entscheidungsfrage (↑Kap. 8.1) wird durch die unterordnende Konjunktion ***ob*** eingeleitet.

Der Chef fragt, ob Frau Goll komme / kommt.
(Kommt Frau Goll?)

10.1 Die indirekte Rede

136 Unterstreichen Sie in den folgenden Sätzen alle Pronomen (↑Kap. 3.2).

a) Direkte Rede: David sagt: „Ich freue mich auf unsere Betriebsfeier."

→ Indirekte Rede: David sagt, er freue sich auf ihre Betriebsfeier.

b) Direkte Rede: Celia bemerkt: „Ich freue mich besonders aufs Tanzen."

→ Indirekte Rede: Celia bemerkt, sie freue sich besonders aufs Tanzen.

c) Direkte Rede: Leon sagt: „Ihr denkt wohl an nichts anderes mehr."

→ Indirekte Rede: Leon sagt, sie dächten wohl an nichts anderes mehr.

137 Welche Arten von Pronomen werden in Übung 136 verwendet (↑S. 37 f.)?

a) ______________________

b) ______________________

c) ______________________

138 Wie ändern sich die Pronomen aus Übung 136 bei der Umwandlung von direkter Rede in indirekte Rede?

ich ________ → ________ ________ → ________

________ → ________ ________ → ________

________ → ________ ________ → ________

PRAXISTIPP Aufforderungen in der indirekten Rede

In indirekter Rede muss gelegentlich auch eine Aufforderung (Imperativ) wiedergegeben werden. Der Imperativ der direkten Rede wird in der indirekten Rede mit den **Modalverben** (↑Kap. 1.5) ***sollen*** oder ***mögen*** umschrieben. Die Wahl des jeweiligen Modalverbs richtet sich dabei nach der Strenge der Äußerung.

Der Bankräuber befahl dem Kassierer: „Gib mir das Geld!"
Der Bankräuber befahl, der Kassierer **solle** ihm das Geld geben.

Der Chef bat die Sekretärin: „Kopieren Sie mir bitte diesen Brief."
Der Chef bat, die Sekretärin **möge** ihm (bitte) diesen Brief kopieren.

139 In der folgenden Begrüßung in der indirekten Rede fehlen die Pronomen und die finiten (gebeugten) Verben. Setzen Sie die richtigen Formen ein.

Leon und Celia sind die ersten Gäste auf der Betriebsfeier. David als Vorsitzender des Festausschusses begrüßt die beiden: „Ich bin gerade mit allen Vorbereitungen fertig. Ich kann noch gar nicht glauben, dass ich wirklich alles rechtzeitig geschafft habe. Auch unsere Stereoanlage ist schon komplett aufgebaut. Celia, du hast uns zum Glück noch die beiden Lautsprecherboxen geliehen. Unser Vorstandsvorsitzender ist übrigens doch mit seinen Kollegen auf die Konferenz gefahren. Wir können also entspannt feiern. Ich freue mich schon so auf unser Fest."

Leon und Celia sind die ersten Gäste auf der Betriebsfeier. David als Vorsitzender des Festausschusses begrüßt die beiden und sagt, ____________ gerade mit allen Vorbereitungen fertig. ____________ noch gar nicht glauben, dass ____________ alles rechtzeitig geschafft ____________. Auch ____________ Stereoanlage ____________ schon komplett aufgebaut. Celia ________ ________ zum Glück noch die beiden Lautsprecherboxen geliehen. ____________ Vorstandsvorsitzender ____________ übrigens doch mit ____________ Kollegen auf die Konferenz gefahren. ________ ________ also entspannt feiern. ________ ________ ________ schon so auf ________ Fest.

140 Tragen Sie nun die Pronomen in die Tabelle ein.

a) Personalpronomen:

	Direkte Rede		Indirekte Rede
1.	____________	→	____________
2.	____________	→	____________
3.	____________	→	____________
4.	____________	→	____________
5.	____________	→	____________
6.	____________	→	____________
7.	____________	→	____________

b) Possessivpronomen:

	Direkte Rede		Indirekte Rede
1.	____________	→	____________
2.	____________	→	____________
3.	____________	→	____________
4.	____________	→	____________

c) Reflexivpronomen:

1. ____________ → ____________

141 Setzen Sie den folgenden Text in die indirekte Rede (↑ Praxistipp S.17).

„Seit Jahren lesen viele Erwachsene die Bücher über Harry Potter und sind sehr begeistert, obwohl es doch eigentlich Kinderbücher sind. Aber in diesen Büchern steckt so viel Fantasie, gibt es so viele zauberhafte Einfälle, dass man sich dem kaum entziehen kann. Harry Potter ist nämlich ein Zauberlehrling. Er geht zusammen mit seinen Freunden auf eine ganz besondere Schule, auf der sie lernen, ihre Zauberfähigkeiten zu entfalten und richtig einzusetzen. Sie lernen solche Unterrichtsfächer wie „Zaubertrank", „Der Umgang mit magischen Tieren" oder auch „Besenflug". Dabei ist Harry Potter aber auch unter den anderen Zauberlehrlingen jemand ganz Besonderes. Und deshalb trachten ihm immer wieder böse Mächte nach dem Leben. So erlebt er immer besonders aufregende und spannende Abenteuer. Die Bücher bieten also fesselnden Lesestoff, von dem man nicht genug bekommen kann."

Der Buchhändler erzählt dem Auszubildenden, seit Jahren ______

10.2 Indirekte Fragesätze

142 Welche der folgenden Fragen ist eine Entscheidungsfrage, welche ist eine Ergänzungsfrage?

Der beliebte junge Kollege Jan wird bald in eine andere Stadt umziehen und in die Filiale dort kommen; er fragt sich:

a) „Welche Abteilung wird mich dort wohl brauchen?"

b) „Werde ich wieder so nette Kolleginnen und Kollegen haben?"

143 Eine Kollegin erzählt ihrem Mann abends von den Fragen und Sorgen, über die Jan mit ihr gesprochen hat. Wandeln Sie Jans Fragen in indirekte Fragen um.

Jan: „Welche Abteilung wird mich dort wohl brauchen?"

Jan fragt sich, welche Abteilung ihn dort wohl brauchen werde / wird.

a) „Werde ich wieder so nette Kolleginnen und Kollegen haben?"

b) „Wie viele Umzugskisten werden wir wohl brauchen?"

c) „Wann werde ich euch mal wieder besuchen können?"

144 Wandeln Sie die indirekten Fragen in direkte Fragesätze um.

a) Meine Kollegin hat mich gefragt, ob ich mit ihr zum Essen komme.

b) Der Chef wollte wissen, welche Abteilung das beste Ergebnis erzielt habe.

c) Der Kunde fragt nach, ob wir den Preis garantieren könnten.

11 Abschlusstest

Dieser Test umfasst alle Bereiche der Grammatik, die in diesem Übungsbuch behandelt wurden, sodass Sie nun Ihr Wissen zu allen Themen komprimiert überprüfen können.

145 Bestimmen Sie die Verbformen nach Person, Numerus und Tempus.

a) ich bin gelaufen: ______________________

b) sie hatte gerechnet: ______________________

c) wir trinken: ______________________

d) sie tanzten: ______________________

e) sie werden sich verspätet haben: ______________________

f) du wirst lachen: ______________________

146 Entscheiden Sie, ob es sich um Aktiv oder Passiv handelt, und wandeln Sie die Aktivsätze in Passivsätze um und umgekehrt.

	Aktiv	Passiv
a) Der Zeuge wird seine Aussage widerrufen.	☐	☐
______________________		
b) Tatsachen werden von Beteiligten oft verfälscht dargestellt.	☐	☐
______________________		
c) Der Täter wird sein Verbrechen zugeben.	☐	☐
______________________		
d) Er wird auch seine Mitwisser belasten.	☐	☐
______________________		
e) Ihnen wird die Strafe vom Richter erlassen.	☐	☐
______________________		
f) Sie werden die Gerichtsverhandlung in Erinnerung behalten.	☐	☐
______________________		

147 Wandeln Sie die Verbformen vom Indikativ in den Konjunktiv I um.

a) sie ruft: ______

b) du lebst: ______

c) ihr träumt: ______

d) er spielt: ______

e) er hat gelacht: ______

f) du bist gegangen: ______

148 Bilden Sie folgende Verbformen, ändern Sie nach und nach jeweils nur das Angegebene.

a) 1. Person Singular Präteritum Indikativ Aktiv von *gehen:* ______

Tempus: Perfekt	Person: 3. Plural	Verb: *kaufen*	Aktiv → Passiv
______	______	______	______

b) 3. Person Singular Präsens Konjunktiv Aktiv von *rufen:* ______

Person: 1. Plural	Modus: Indikativ	Aktiv → Passiv	Tempus: Futur II
______	______	______	______

149 Bestimmen Sie die Wortarten der Wörter aus dem Wortspeicher.

Bank • Akte • ich • täglich • kennen • mein • Kenner • Männer • Schere • wir • viel • kompliziert • unterbieten • kaufen • blau • finden • ihre

Verben: ______

Pronomen: ______

Adjektive: ______

Substantive: ______

150 Füllen Sie die leeren Felder aus: Ergänzen Sie die Personalpronomen der 1. bis 3. Person Singular sowie die fehlenden Fachbegriffe für die Zeitstufen der Gegenwart, der einfachen Vergangenheit und der Zukunft. Konjugieren Sie dann das Wort ***laufen*** in den vier Zeitstufen. Ein Feld ist als Hilfe schon ausgefüllt.

Singular	Personal-pronomen			Perfekt	
1. Person					
2. Person			liefst		
3. Person					

151 Tragen Sie die entsprechenden Formen ein: Verändern Sie jeweils nur das Angegebene; ergänzen Sie bei den Nomen den bestimmten Artikel.

a) 1. Person Singular Präsens von *lesen:* ____________

→ Tempus: Präteritum ____________

→ Tempus: Perfekt ____________

→ Numerus: Plural ____________

→ Verb: *liegen* ____________

→ 3. Person: ____________

b) Genitiv Singular von *Haut:* ____________

→ Kasus: Dativ ____________

→ Numerus: Plural ____________

→ Wort: *Buch* ____________

→ Wort: *Verkäufer* ____________

→ Kasus: Akkusativ ____________

152 Einer dieser Begriffe ist jeweils falsch! Streichen Sie ihn durch und begründen Sie, warum er nicht zu den anderen passt.

a) Nominativ – Dativ – Komparativ – Akkusativ Grund: ____________

b) Genitiv – Positiv – Steigerung – Superlativ Grund: ____________

c) Konjugation – Tempus – Pronomen – Präsens Grund: ____________

d) Kasus – Deklination – Imperativ – Numerus Grund: ____________

153 Bestimmen Sie die Wortarten.

a) mein ______________ b) dem ______________

c) Wörter ______________ d) oder ______________

e) über ______________ f) Sprich! ______________

g) lieb ______________ h) wir ______________

154 Markieren Sie im folgenden Text alle Substantive, Verben, Adjektive, Pronomen, Präpositionen, Artikel, Adverbien und Konjunktionen jeweils mit einer anderen Farbe.

Meine Ausbilderin kam zu mir und lächelte mich an: „Sie haben die beste Arbeit abgeliefert. Herzlichen Glückwunsch!" Normalerweise war ich in der Praxis nicht so gut, aber für dieses Werkstück hatte ich viel Mühe aufgebracht. Meine Kollegen klatschten Beifall wegen meiner großartigen Leistung.

155 Bilden Sie Sätze nach den angegebenen Satzbauplänen.

a) Subjekt – Prädikat

____

b) Subjekt – Prädikat – Akkusativobjekt

____

c) Subjekt – Prädikat – Dativobjekt

____

d) Subjekt – Prädikat – Dativobjekt – Akkusativobjekt

____

e) Subjekt – Prädikat – präpositionales Objekt

____

f) Subjekt – Prädikat – adverbiale Bestimmung – präpositionales Objekt

____

g) Subjekt – Prädikat – Akkusativobjekt – präpositionales Objekt

____

156 **Bestimmen Sie die Satzglieder im folgenden Text: Heben Sie die Subjekte (S), Prädikate (P), Objekte (O) und adverbialen Bestimmungen (adv. Best.) mit unterschiedlichen Farben hervor und unterstreichen Sie die Attribute.**

a) Am Anfang des Markttages liefern die geschäftstüchtigen Händler ihre Waren auf dem riesigen Platz an.

b) Natürlich hoffen alle auf ein gutes Geschäft.

c) Verführerische Gerüche begeistern die Besucher des Marktes sofort.

d) Gerne probieren interessierte Kunden exotische Speisen aus der Türkei.

e) Besonders farbenprächtig sind die Stände der Blumenhändler.

f) Die ganz besondere Farbenpracht der Blüten erfreut die Besucher.

157 **Verbinden Sie jeweils eine Wortart mit der passenden Definition und den entsprechenden Beispielen.**

Wortart	Definition	Beispiel
Verben	liefern Informationen über die Umstände	*das, sie, ihn*
Substantive	sind im Satz isolierte Ausrufe	*und, denn, weil*
Adjektive	bezeichnen Handlungen oder Vorgänge	*sagen, prüfen*
Pronomen	kennzeichnen Beziehungen	*ah, oje, pfui*
Adverbien	bezeichnen Lebewesen und Dinge	*teuer, groß*
Präpositionen	verbinden Wörter und Sätze miteinander	*morgen, dort*
Konjunktionen	beschreiben Eigenschaften oder Merkmale	*Weisheit, Attest*
Interjektionen	stehen stellvertretend für ein Substantiv	*auf, über*

158 Setzen Sie in den folgenden Text die richtigen Konjunktionen ein.

dass • wenn • sodass • nachdem • obwohl • sobald • weil

Im Mittelalter schlossen sich die Meister eines Handwerkszweiges in einer Zunft zusammen, ______________ sie sich vor unliebsamer Konkurrenz schützen wollten. Die Anzahl der Betriebe wurde so festgelegt, ______________ jeder einzelne Meister sein Auskommen hatte und nicht hungern musste. ______________ ein anderer Meister in dieser Stadt sein Handwerk ausüben wollte, musste er erst Mitglied in dieser Zunft werden. Die Ausbildung eines jeden Lehrlings begann, ______________ seine Eltern für ihn bei einem Meister das Lehrgeld bezahlt hatten. ______________ ein Lehrling schon fleißig anpacken musste, verlangte der Meister für seine Verpflegung Geld. Der junge Lehrling lebte im Haushalt des Meisters mit, ______________ er sich dem Meister während seiner Lehrzeit ganz unterordnen musste. ______________ seine drei- bis siebenjährige Lehrzeit beendet war, ging der Geselle meist in den elterlichen Betrieb zurück.

159 Bilden Sie komplexe Satzgefüge, indem Sie zu jedem Hauptsatz mindestens zwei Nebensätze finden. Sie können auch Appositionen einfügen.

Unser Seniorchef mag es nicht, wenn unvorhergesehene Dinge passieren. So bringt er es fertig, spontane Besucher vor der Tür stehen zu lassen. Daher kommt kaum jemand noch einfach so vorbei. Doch das stört ihn nicht, denn ihm ist seine Ruhe viel lieber. Irgendwie sind seine Eigenarten aber auch bewundernswert.

____

____

____

____

____

____

____

____

160 Jeweils eine Antwort ist richtig. Welche? Kreuzen Sie an!

a) Der Zeitstufe Vergangenheit ist das folgende Tempus zugeordnet.
A: Präsens
B: Präteritum
C: Futur I
D: Futur II

b) Das Adjektiv ist eine Wortart, die
A: nicht steigerbar ist.
B: nicht deklinierbar ist.
C: kleingeschrieben wird.
D: großgeschrieben wird.

c) Das Personalpronomen ist ein Pronomen, das
A: ein Besitzverhältnis angibt.
B: einen Relativsatz einleitet.
C: auf jemanden hinweist.
D: als Stellvertreter für Personen steht.

d) Zu der Gruppe von Wörtern, die man im Deutschen nicht verändern kann, gehören auch:
A: Präpositionen
B: Verben
C: Substantive
D: Pronomen

e) Adverbien können u. a. nähere Angaben machen,
A: wo etwas geschehen ist.
B: wer an dem Geschehen beteiligt war.
C: wie viele Menschen bei einem Geschehen dabei waren.
D: wem das Geschehen geschadet hat.

f) Eine der folgenden Konjunktionen kann einen Gegensatz oder eine Einschränkung ausdrücken. Welche?
A: *sowie*
B: *deshalb*
C: *trotzdem*
D: *oder*

g) An der Personalform des Verbs erkennt man:
A: das Genus (Geschlecht: Maskulinum, Femininum, Neutrum)
B: den Numerus (Zahl: Singular oder Plural)
C: die Steigerungsstufe (Positiv, Komparativ, Superlativ)
D: den Grund, den Zweck oder die Folge

h) Der Fachbegriff *Deklination* bezeichnet die Formveränderung
A: eines Substantivs
B: eines Verbs
C: einer Partikel
D: einer Konjunktion

i) Zu der Gruppe der flektierbaren Wortarten gehören
A: Adverbien
B: unbestimmte Artikel
C: Konjunktionen
D: Präpositionen

161 Markieren Sie die Konditionalsätze in den Auszügen des Jugendschutzgesetzes und beantworten Sie dann die Fragen.

JuSchG § 4 Gaststätten

(1) Der Aufenthalt in Gaststätten darf Kindern und Jugendlichen unter 16 Jahren nur gestattet werden, wenn eine personensorgeberechtigte oder erziehungsbeauftragte Person sie begleitet oder wenn sie in der Zeit zwischen 5 Uhr und 23 Uhr eine Mahlzeit oder ein Getränk einnehmen. [...]
(2) Absatz 1 gilt nicht, wenn Kinder oder Jugendliche an einer Veranstaltung eines anerkannten Trägers der Jugendhilfe teilnehmen oder sich auf Reisen befinden.

a) Unter welchen Bedingungen dürfen sich Kinder und Jugendliche unter 16 Jahren in Gaststätten aufhalten?

____

b) Unter welcher Voraussetzung gilt Absatz 1 nicht?

____

162 Überprüfen Sie, ob Sie alle Teilregeln der indirekten Rede noch im Kopf haben. Beantworten Sie hierzu die folgenden sechs Fragen.

a) Welcher Modus wird in der indirekten Rede verwendet?

____

b) Wann wird der Konjunktiv II verwendet?

____

c) Wann benutzt man die Umschreibung mit *würde?*

____

d) Was gilt für die Verwendung der Pronomen?

____

e) Wie werden Imperative in der indirekten Rede wiedergegeben?

____

f) Welche Formen des Konjunktivs I gibt es und welches Zeitverhältnis drücken sie aus?

____

____

Lösungen

1 Das Verb

1 a) **wir gehen:** 1. Person Plural;
b) **sie kassiert:** 3. Person Singular;
c) **ihr segelt:** 2. Person Plural;
d) **sie bauen:** 3. Person Plural;
e) **ich grabe:** 1. Person Singular;
f) **du telefonierst:** 2. Person Singular

2 a) sie schreiben;
b) ihr mailt;
c) ich höre;
d) er / sie / es arbeitet;
e) wir gähnen;
f) du berechnest

3 b) Plusquamperfekt, 2. Person Singular;
c) Präsens, 1. Person Plural;
d) Präteritum, 3. Person Singular;
e) Futur I, 1. Person Singular;
f) Futur II, 3. Person Plural;
g) Perfekt, 3. Person Singular

4 a) Z; b) Z; c) G; d) Z; e) G

5 sitzt – lässt – träumt – werde ... planen – bin ... gekommen – waren – geht – erwartet – Fahren – werden sehen – wird ... gefallen – bin ... gereist – schwärme – weiß – hat ... vorgestellt – wird ... werden

6 a) **Präsens:** er sitzt, er lässt, er träumt, er geht, sie erwartet, ich schwärme, er weiß;
b) **Präteritum:** sie waren; c) **Perfekt:** ich bin gekommen, ich bin gereist, er hat sich vorgestellt;
d) **Futur I:** ich werde planen, Sie werden sehen, es wird gefallen, es wird werden; e) **Imperativ:** Fahren Sie

7 war – sein, duldete – dulden, unterrichtet hatte – unterrichten, sah – sehen, sich anschickte – sich anschicken, brachte um – umbringen, regierte – regieren, konnte – können, baute – bauen, lebte – leben

8 Ich **kam** gerade aus der Firma und **schaute** mich noch mal nach dem Kollegen Fabian um. Deshalb **bemerkte** ich das herankommende Auto auch erst gar nicht. Natürlich **blieb** ich an der roten Ampel stehen. Da **merkte** ich plötzlich, dass hinter mir irgendwelche Schulkinder **anfingen** zu drängeln. Ich **ging** natürlich gleich auf die Seite, aber irgendwie **schaffte** es einer nicht mehr, sich zu halten, und **wurde** auf die Straße geschubst. Und da **kam** das Auto ...

9 wir schließen – wir haben geschlossen – wir werden geschlossen haben; ihr kommt – ihr seid gekommen – ihr werdet gekommen sein; du bist – du bist gewesen – du wirst gewesen sein; ich rufe – ich habe gerufen – ich werde gerufen haben; sie sprechen – sie haben gesprochen – sie werden gesprochen haben

10 a) **kalkulieren:** ich kalkulierte, kalkuliert, er kalkulierte; b) **kommen:** ich kam, gekommen, sie käme; c) **sein:** ich war, gewesen, es wäre

11 ich frage, du fragest, er / sie / es frage, wir fragen, ihr fraget, sie fragen

12 **Indikativ:** ich gehe, du gehst, er / sie / es geht, wir gehen, ihr geht, sie gehen; **Konjunktiv I:** ich gehe, du gehest, er / sie / es gehe, wir gehen, ihr gehet, sie gehen

13 **Konjunktiv I Präsens:** Er sagt, er habe zu viele Überstunden. **Konjunktiv I Perfekt:** Er sagt, er habe zu viele Überstunden gehabt. **Konjunktiv I Futur:** Er sagt, er werde zu viele Überstunden haben.

14 a) Indikativ – Der Satz bedeutet, dass der Azubi tatsächlich in der Berufsschule ist. (Der Sachverhalt ist gegeben.)
b) Konjunktiv I – Der Satz bedeutet, dass es nicht ganz sicher ist, dass der Azubi in der Berufsschule ist. (Der Sachverhalt ist nicht unbedingt gegeben. Man weiß nicht, ob die Kollegin selbst daran glaubt, doch sie sagt dies vor anderen.)
c) Konjunktiv II – Der Satz bedeutet, dass die Kollegin weiß, dass der Azubi nicht in der Berufsschule ist, z. B. weil er krank ist („Nichtwirklichkeit"). Sonst wäre er dort.
d) Indikativ – Der Satz bedeutet, dass der Azubi tatsächlich in der Berufsschule war. (Der Sachverhalt ist gegeben.)

15 a) lese; b) könnten; c) hätten; d) läsen; e) habe; f) sei

16 a) Der Kunde fragt, ob das Ersatzteil bestellt werden müsse. b) Er fragt, wie lange wir für die Bestellung benötigten (Konjunktiv II als Ersatz für Konjunktiv I). c) Er fragt, ob er einen Ersatzwagen erhalten könne. d) Er fragt, wie teuer die Gesamtreparatur werde. e) Er fragt, ob die Versicherung den Schaden zahle. f) Er fragt, ob wir ihn anriefen (Konjunktiv II als Ersatz für Konjunktiv I).

17 a) Die Tapete fühlt sich an, als wäre sie aus Seide.
b) Es sieht ganz danach aus, als ob wir das Schlimmste noch vor uns hätten.
c) Du stellst dich ja an, als machtest du diese Arbeit zum ersten Mal.
d) Er führt sich auf, als stünde sein guter Name auf dem Spiel.
e) Mir ist, als hätte ich den Mann schon einmal irgendwo gesehen.

18 a) Keiner müsste arbeiten.
b) Alle hätten genug zu essen.
c) Man könnte den ganzen Tag faulenzen.
d) Alle blieben ewig jung, niemand würde krank.
e) Müdigkeit und Erschöpfung kämen nicht vor.
f) Jeden Tag schiene die Sonne.
g) Natur und Technik wären in Einklang miteinander.

19 a) **Konjunktiv I:** ich frage, du fragest, er / sie / es frage, wir fragen, ihr fraget, sie fragen – **Konjunktiv II:** ich fragte, du fragtest, er / sie / es fragte, wir fragten, ihr fragtet, sie fragten
b) **Konjunktiv I:** ich sei, du sei(e)st, er / sie / es sei, wir seien, ihr seiet, sie seien – **Konjunktiv II:** ich wäre, du wär(e)st, er / sie / es wäre, wir wären, ihr wär(e)t, sie wären
c) **Konjunktiv I:** ich habe, du habest, er / sie / es habe, wir haben, ihr habet, sie haben – **Konjunktiv II:** ich hätte, du hättest, er / sie / es hätte, wir hätten, ihr hättet, sie hätten
d) **Konjunktiv I:** ich werde, du werdest, er / sie / es werde, wir werden, ihr werdet, sie werden – **Konjunktiv II:** ich würde, du würdest, er / sie / es würde, wir würden, ihr würdet, sie würden

20 a) Es sieht so aus, als ob es mit ihm wieder bergauf ginge.
b) Er benimmt sich hier, als wäre er der Herr des Hauses.
c) Tu doch nicht so, als ob du nicht wüsstest, worum es hier geht.
d) Im Traum war mir, als führe ich auf einem Motorrad einen endlos steilen Abhang hinunter und könnte nicht mehr bremsen.
e) Es schien mir, als ob ihn meine Bemerkung nachdenklich gestimmt hätte.

21 a) Meine Freundin fragte mich, ob ich mit ihr ins Café komme.
b) Der Chef schrie uns an, wir sollten sofort in sein Zimmer kommen. (Aufgepasst: Imperative werden in der indirekten Rede durch Verbindungen mit *sollen* ersetzt!)
c) Die Kollegin befürchtet, sie werde am nächsten Tag nichts zum Anziehen haben.
d) Die Verkehrsbetriebe informieren, die neuen Tarife würden ab dem 1. Juni gelten / gälten ab dem 1. Juni.
e) Es hieß, die Schneefallgrenze sinke am folgenden Tag auf 500 m.
f) Die Praktikantinnen erklären, auf sie brauche niemand zu warten.

22 er / sie / es fährt – fahre – fuhr – führe;
du bist – du seist – du warst – du wärest;
ihr tragt – ihr traget – ihr trugt – ihr trüget;
ihr lauft – ihr laufet – ihr lieft – ihr liefet;
er / sie / es soll – solle – sollte – sollte;
wir sprechen – wir sprechen – wir sprachen – wir sprächen;
sie werden – sie werden – sie wurden – sie würden;
ich steige – ich steige – ich stieg – ich stiege;
du hast – du habest – du hattest – du hättest;
ich bin – ich sei – ich war – ich wäre;
wir haben – wir haben – wir hatten – wir hätten

23 a) Man täte ihm unrecht, wenn man ihm das unterstellte.
b) Ich wäre Ihnen dankbar, wenn Sie mir Ihre Vorschläge so bald wie möglich mitteilten.

24 iss – esst; feiere – feiert; sieh – seht; lies – lest; sei – seid; komm – kommt; nimm – nehmt; schreib / schreibe – schreibt

25 a) Das Geld wird gezählt: Passiv;
b) Die Verkäuferin zählt das Geld: Aktiv;
c) Ich kaufe Spaghetti im Bioladen: Aktiv;
d) Spaghetti aus dem Bioladen werden gerne gekauft: Passiv;
e) Langsam werden die Autos an der Unfallstelle vorbeigeleitet: Passiv;
f) Die Polizei wird für eine schnelle Umleitung der Autos sorgen: Aktiv

26 er hatte kassiert – es war kassiert worden; sie werden gelegt haben – sie werden gelegt worden sein; ich habe gerufen – ich bin gerufen worden; ihr untersucht – ihr werdet untersucht; sie wird zählen – es wird gezählt werden

27 a) Das Buch ist veröffentlicht.
b) Der Praktikant war von ihrem Lob überrascht.
c) Die Buchausstellung war beendet.
d) Ich bin überrascht gewesen.
e) Der Kunde ist im Supermarkt eingesperrt gewesen.

28 Lösungsvorschlag:
Gestern ist am frühen Morgen die Sparkasse in der Hamburger Innenstadt überfallen worden. Kurz nach der Öffnung drangen gegen Viertel nach acht zwei vermummte Gangster in die Bank ein. Der Kassierer und zwei Bankangestellte wurden gefesselt und als Geiseln genommen. Der Bankdirektor wurde gezwungen, den Tresor zu öffnen. Die Gangster steckten die Beute, ungefähr 100 000 Euro, in eine schwarze Ledertasche und flohen unerkannt. Der gesamte Vorfall dauerte nur wenige Minuten und wurde von der Überwachungskamera in der Bank aufgenommen.

29 Präteritum: Das Meeting wurde geplant; Perfekt: ... ist geplant worden; Plusquamperfekt: ... war geplant worden; Futur I: ... wird geplant werden.

30 a) Passiv; b) Passiv; c) Futur I; d) Passiv; e) Passiv; f) Futur I

31 **lesen:** transitiv; **schreiben:** transitiv; **schicken:** transitiv; **stehen:** intransitiv; **entrinnen:** intransitiv; **fragen:** transitiv; **laufen:** intransitiv; **diktieren:** transitiv

32 a) mag; b) Magst; c) mag; d) Möchtest – mag; e) möchte – mag

33 a) die Möglichkeit oder die Fähigkeit haben: *können;*
b) zu etwas verpflichtet sein: *sollen;*
c) eine Erlaubnis haben: *dürfen;*
d) den Wunsch oder die Absicht haben: *wollen;*
e) die Pflicht haben, es besteht die Notwendigkeit: *müssen;*
f) einen (höflichen) Wunsch haben: *mögen*

34 a) Verbot; b) Fähigkeit; c) Wunsch; d) Absicht; e) Gebot

35 Lösungsvorschlag:
a) Hier *darf* man nicht rauchen.
b) Ich *möchte* heute Protokoll schreiben.
c) Du *sollst* nicht lügen.

36 a) Heute können wir nicht ins Meeting ~~gehen~~.
b) Wir wollen in Madrid nur an der Konferenz teilnehmen.
c) Die Unterlagen müssen sofort ins Konferenzzimmer ~~gebracht werden~~.
d) Die Flipcharts können wir wieder in den Keller bringen.
e) Sie sollen sofort zum Chef ~~kommen~~.
f) Im nächsten Urlaub wollen wir nach Spanien ~~fahren~~.

2 Das Substantiv

37 die Geschichte, das Lesen, das Lesen, die Kulturtechnik, das Leben, das Lesen, das Erlebnis, der Moment, der Genuss, die Betroffenheit, die Identifikation, das Glückserlebnis, die Erfahrung, das Lesen, die Fähigkeit, die Geschichte, die Menschheit, der Anfang, das Lesen, das Schreiben, der Orient, der Priester, der Verwaltungsbeamte, der Kaufmann, die Kulturtechnik, das Jahrhundert, die Zahl, der / die Lesefähige, die Stadt, das Jahrhundert, das Lesepublikum, die Belletristik, die Frau, der / die Jugendliche, das Lesen, die Literatur

38 Lösungsvorschlag:
auf *-e:* Fische, Beine, Scherze, Dinge, Ringe, Stifte, Zweige, Schweine, Hunde usw.;
auf *-(e)n:* Ohren, Herzen; Katzen, Kerzen, Klingen, Gabeln, Fabeln, Blumen usw.;
auf *-er:* Kinder, Rinder, Bilder, Felder, Bretter usw.;
auf *-s:* Omas, Autos, Handys, Babys usw.;
mit Umlaut: Büsche, Bücher, Gänse, Räder, Blätter, Tücher, Bäume, Dächer, Körbe, Vögel usw.;
Pluralform = Singularform: Messer, Löffel, Eimer, Mädchen, Gürtel usw.

39 die Pizzen / Pizzas, die Alben, die Figuren, die Babys, die Firmen, die Drosseln, die Späße, die Messer, die Züge, die Ängste

40 a) Dividend, Dividenden: Zähler eines Bruches;
b) Absolvent, Absolventen: jemand, der eine (Schul-)Ausbildung, ein Studium erfolgreich beendet hat;
c) Doktorand, Doktoranden: jemand, der eine Doktorprüfung ablegt;
d) Praktikant, Praktikanten: jemand, der ein Praktikum absolviert;
e) Dezernent, Dezernenten: Leiter eines Amts- bzw. Geschäftsbereichs (Dezernat);

f) Spekulant, Spekulanten: jemand, der sich, um hohe Gewinne zu erzielen, auf unsichere Geschäfte einlässt;
g) Konfirmand, Konfirmanden: jemand, der zur Konfirmation geht (evangelisch)

41 **Genus:** die Chefin = Femininum (weiblich); der Vorstand = Maskulinum (männlich); das Geld = Neutrum (sächlich)
Singular: 1. Nominativ: die Chefin, der Vorstand, das Geld; 2. Genitiv: der Chefin, des Vorstands, des Geldes; 3. Dativ: der Chefin, dem Vorstand, dem Geld; 4. Akkusativ: die Chefin, den Vorstand, das Geld
Plural: 1. Nominativ: die Chefinnen, die Vorstände, die Gelder; 2. Genitiv: der Chefinnen, der Vorstände, der Gelder; 3. Dativ: den Chefinnen, den Vorständen, den Geldern; 4. Akkusativ: die Chefinnen, die Vorstände, die Gelder

42 **Mediengestalters:** Maskulinum, Genitiv, Singular; **Gestaltung:** Femininum, Nominativ, Singular; **Drucksachen:** Femininum, Dativ, Plural; **Zeitschriften:** Femininum, Dativ, Plural; **Katalogen:** Maskulinum, Dativ, Plural; **Büchern:** Neutrum, Dativ, Plural; **Formularen:** Neutrum, Dativ, Plural; **Elementen:** Neutrum, Dativ, Plural; **Schrift:** Femininum, Dativ, Singular; **Bild:** Neutrum, Dativ, Singular; **Farbe:** Femininum, Dativ, Singular; **Grafik:** Femininum, Dativ, Singular; **Mediengestalter:** Maskulinum, Nominativ, Plural; **Texte:** Maskulinum, Akkusativ, Plural; **Bilder:** Neutrum, Akkusativ, Plural; **Gestaltungselemente:** Neutrum, Akkusativ, Plural; **Computer:** Maskulinum, Dativ, Singular; **Arbeitsplatz:** Maskulinum, Akkusativ, Singular; **Setzereien:** Femininum, Dativ, Plural; **Textverarbeitungsbetrieben:** Maskulinum, Dativ, Plural; **Druckereien:** Femininum, Dativ, Plural; **Verlagen:** Maskulinum, Dativ, Plural; **Grafikbüros:** Neutrum, Dativ, Plural; **Medienagenturen:** Femininum, Dativ, Plural; **Werbeabteilungen:** Femininum, Dativ, Plural; **Unternehmen:** Neutrum, Genitiv, Plural

43 witziger Wörter (Genitiv) – seinen Ohren (Dativ) – den Spitznamen (Akkusativ) – Den Chef (Akkusativ) – jede Kleinigkeit (Akkusativ) – seinen Späßen (Dativ) – den Spitznamen (Akkusativ) – Seine Freundin (Nominativ) – seiner dummen Scherze (Genitiv) – schlechte Beurteilungen (Akkusativ)

44 a) Großen, Ganzen: Adjektiv;
b) Hinzugefügtes: Partizip;
c) Laufen: Verb;
d) Kreatives, Langweiliges: Adjektiv;
e) Suchen: Verb;
f) Niemand, Jemand: Pronomen;
g) Diesseits, Jenseits: Präposition

45 **Das sollten Sie unterstrichen haben:**
a) Eure; b) viel – wenig; c) Das; d) das;
e) einem – einer; f) etwas; g) langem

46 a) Sie hatte Zweifel am Bestehen der Prüfung.
b) Die Furcht vor dem Gestehen (Geständnis) der Wahrheit ist sehr groß.
c) Seine Freude auf das Verbringen des Urlaubs mit ihr war groß.
d) Das war ihr Dank für seine Hilfe.
e) Die Entscheidung für eine Reise nach Amerika fiel bei ihm.
f) Beim Bürgermeister herrscht Verärgerung über die Verspätung der Gäste.
g) Jugendlichen unter 18 Jahren ist der Kauf von hochprozentigen Alkoholgetränken auch in Begleitung Erwachsener nicht gestattet.
h) Die Abgabe von Tabakwaren an Jugendliche unter 18 Jahren ist nicht erlaubt.

47 Seit Tagen schon läuft mein Mann nur noch in seinem Zimmer hin und her. „Der Chef muss sich endlich entscheiden, ohne Wenn und Aber!", sage ich ständig zu ihm. Dieses Hin und Her macht mich ganz nervös. Aber er hört nicht auf mich. „Der Bessere gewinnt", sagt er immer. „Ob ich wohl besser bin als er?" Ich wollte gerade antworten, als uns etwas unterbrach. Es war das Klingeln des Telefons. Er nahm ab und stellte den Ton laut. „Hallo, mein Bester", sagte der Chef. Da wussten wir, dass er der Glückliche war.

3 Artikel und Pronomen

48 die Kollegen, die Blumen, die Praktikantin, das Paket, die Jubilarin, das Geschenk, das Buch, die Tiere, der Tag, die Arbeit

49 einen – Der – einen – Der – eine – einen – Der – einem – der – den – ein – dem – eine – die – eine

50 a) **Sie** gingen zum Weinfest.
b) Die Mitarbeiter und Mitarbeiterinnen waren besonders begeistert von **ihr.**
c) Sie gefiel **ihnen** jedoch überhaupt nicht.

51 a) **seiner** ist ein Possessivpronomen, die anderen sind Demonstrativpronomen; b) **du** ist ein Personalpronomen, die anderen sind Indefinitpronomen; c) **die** ist ein Relativpronomen, die anderen sind Possessivpronomen

52 **Er** (Pers.) verlässt **sein** (Poss.) Zuhause, weil **seine** (Poss.) Eltern ... hat **er** (Pers.) Probleme: **Seine** (Poss.) Noten sind schlecht.

53 Etliche Bundesbürger werden auch dieses Jahr wieder viel Geld für ihr Feuerwerk ... Raketen, die um Mitternacht in die Luft geschossen werden. Man erwartet für dieses Jahr, dass wieder mehrere Millionen Raketen abgefeuert werden. Hilfsorganisationen weisen jedes Jahr darauf hin, dass das Geld, das für die Knallerei ausgegeben wird ... Trotz dieser Hinweise und knapper Haushaltskassen lassen sich die Deutschen diesen Spaß aber nicht nehmen. ... dass Frauen lieber ihren Partner zu Silvester knallen lassen ... als dass sie selbst ... Psychologen erklären solches Verhalten so: ... männlichen Imponiergehabe, das sich bereits zu Urzeiten entwickelt haben soll. ... beginne bei manchen Jungen schon im Kindergartenalter und erreiche ihren Höhepunkt in der Pubertät. Es sei somit ein typisch männliches Verhalten.
Personalpronomen: sie, es; **Possessivpronomen:** ihr, ihren, ihren; **Demonstrativpronomen:** dieses, dieses, dieser, diesen, solches; **Indefinitpronomen:** etliche, man, mehrere, jedes, manchen; **Relativpronomen:** die, das, das

4 Das Adjektiv

54 Einzahl: **Singular**
1. Fall: **Nominativ:** das wichtige Gespräch
2. Fall: **Genitiv:** des wichtigen Gesprächs
3. Fall: **Dativ:** dem wichtigen Gespräch
4. Fall: **Akkusativ:** das wichtige Gespräch

Mehrzahl: **Plural**
1. Fall: **Nominativ:** die wichtigen Gespräche
2. Fall: **Genitiv:** der wichtigen Gespräche
3. Fall: **Dativ:** den wichtigen Gesprächen
4. Fall: **Akkusativ:** die wichtigen Gespräche

55 nettesten – aufregenden – letzten – kleinen – schlechtes – fürchterlichen – freundliche – erfahrene – spannende – großes – köstlicher – erlebnisreichen – wunderschöne

56

Adjektiv	Bezugswort
alter	Mann
engen	Wohnung
schönes	Wetter
treuen	Hund
kleine	Stadt
nötigsten	Dinge
meisten	Spaß
alten	Hund
schönen	Tages
belebte	Einkaufsstraße
kleiner	Junge
rote	Leine

57

Deklin. Adjektiv	Grundform
alter	alt
engen	eng
schönes	schön
treuen	treu
kleine	klein
nötigsten	nötig
meisten	viel
alten	alt
schönen	schön
belebte	belebt
kleiner	klein
rote	rot

58 **Lösungsvorschlag:**
Meine Kollegin ist eine große Frau mit blonden, gelockten Haaren. Ihre Kleidung ist modisch und sie trägt eine rote Brille auf ihrer markanten Nase. Ihre Augen sind dunkelgrün und ihre Augenbrauen schmal. Sie lächelt meist freundlich und ist zu allen Kolleginnen und Kollegen nett. Sie macht nur wenige Fehler bei ihrer Arbeit, allerdings kontrolliert sie auch immer alles sehr gründlich; sie ist also sehr gewissenhaft.

59 Positiv, Komparativ, Superlativ: pünktlich, pünktlicher, am pünktlichsten; früh, früher, am frühesten; wertvoll, wertvoller, am wertvollsten; gut, besser, am besten

60 Adjektive: super, prima, gut, einzigartig; steigerbar: gut – Frau Hansen kann ihre Leistung noch steigern.

61 **Ergänzung in dieser Reihenfolge:**
leckeres Essen – unverheiratete Schwester – fernen Afrika – besten (von: gut) Kuchen – verwilderten Vorgarten – vielen Jahren – benachteiligten Kindern – langes Gesicht – kleine Schwester – mehr (von: viel) Zeit – fantastische Pläne – neue Schule

62 a) Die **häufigen** Kinobesuche machen mich noch ganz arm.
b) Der Veranstalter bot ein **ausreichendes** Sitzplatzangebot.
c) In **früheren** Zeiten gab es bei Vorträgen keine Beamer.

63 wenig – meiste – einige – Viele – wenigen – manche – ein paar

64 acht – Erste – Erste – eine – Dritter – Achte – zweiundzwanzig – Zweimal – drei

5 Die unveränderlichen Wörter

65 **lokal:** drinnen, überall, irgendwo;
temporal: stets, heute, schließlich, endlich, unterdessen;
modal: glücklicherweise, schnellstens, kopfüber;
kausal: darum, deshalb

66 **Lösungsvorschlag:**
a) **Glücklicherweise** konnte die Katastrophe verhindert werden.
b) Die betroffenen Familien wurden **abends** gerettet.
c) Der Brand wurde **sofort** gelöscht.
d) Die Zeitungen berichteten **gestern** über den Vorfall.

67 Ein Fuchs fiel unglücklicherweise in einen tiefen Brunnen, aus dem er sich selbst nicht befreien konnte. Sogleich kam ein durstiger Ziegenbock zum Brunnen, und als er den Fuchs sah, fragte er neugierig, ob das Wasser gut sei. Der Fuchs lud den Ziegenbock freundlich ein herabzukommen. Das tat der Bock, und nachdem er seinen Durst gelöscht hatte, fragte er den Fuchs, wie sie herauskämen. Der Fuchs nahm ihn beiseite und sprach listig: „Stelle dich auf deine Hinterbeine und stemme die Vorderbeine an die Wand. Ich will schnell über deinen Rücken und deine Hörner klettern und sofort dir heraushelfen." So taten sie es auch. Als der Fuchs oben stand, tanzte er ausgelassen und rief: „Wenn du nur einmal nachgedacht hättest, wärst du nicht hier hinabgestiegen, ohne zu wissen, wie du wieder hinauskommst." Freudestrahlend lief er davon.

68 a) eher / früher; b) am liebsten; c) am häufigsten (selten: am öftesten); d) am meisten; e) lieber; f) mehr; g) am ehesten / am frühesten / am schnellsten; h) öfter / häufiger

69 Seit – auf – in – in – Wegen – am – Mit – zum – Durch – ans – Um – in – Nach – mit – Während – mit – ans – von – Für

70 a) zur (räumlich);
b) wegen (Begründung);
c) vor (Begründung);
d) auf (Art und Weise);
e) um (zeitlich);
f) über (räumlich)

71 a) **Von** Anfang **an:** umklammernd;
b) Den ganzen Tag **über:** nachgestellt;
c) **Während** des Meetings: vorangestellt;
d) Der Bank **gegenüber:** nachgestellt

72 a) **im (lokal)** Schwarzwald; b) **Während (temporal)** der letzten Reise – **in (temporal)** der Nacht; c) **Vor (kausal)** lauter Furcht – **vor (lokal)** das Haus; d) **Nach (temporal)** zwei Stunden – **mit (modal)** einem Kompass und einem Handy – **im (lokal)** Wald; e) **in (temporal)** weniger als zwei Stunden; f) **Durch (modal)** Geschick – **durch (lokal)** das unwegsame Gelände; g) **nach (temporal)** vier Stunden – **nach (lokal)** Hause; h) **Nach (temporal)** ihrer glücklichen Heimkehr – **ins (lokal)** Bett

73 a) damit / weil; b) nachdem / weil / da / wenn; c) obwohl; d) sobald / wenn; e) bevor / ehe

74 a) **falls,** da alle übrigen Konjunktionen temporal sind; b) **während,** da alle übrigen Konjunktionen nebenordnend sind; c) **und,** da alle übrigen Konjunktionen einen Gegensatz angeben

75 **Zeit:** als, nachdem, ehe, bis;
Grund: weil, da;
Zweck: damit, dass, um zu;
Bedingung: falls, wenn;
Gegensatz: obschon, obwohl, obgleich

76 Meine Kollegin möchte im Vorgarten **oder** hinter dem Haus einen Teich anlegen. Sie fragt **sowohl** ihren Vater **als auch** ihren Sohn, ob sie ihr helfen. **Entweder** möchte sie in den Oster- **oder** in den Sommerferien ihr Projekt starten, **aber** vorher muss sie sich noch genau erkundigen, was sie alles beachten muss. Deshalb informiert sie sich **nicht nur** in Gartenzeitschriften, **sondern auch** in Fachbüchern **und** sie fragt auch noch die Biologielehrerin ihres Sohnes nach ein paar Tipps. Trotzdem fällt es ihr schwer, zu entscheiden, ob sie lieber einen kleinen pflegeleichten Teich im Vorgarten anlegt **oder** einen etwas größeren **und** tieferen hinter dem Haus, **denn** ihre Familie lässt ihr völlig freie Hand.

77 **Nachdem / Als** wir das Kino verlassen hatten, besuchten wir noch ein Schnellrestaurant. Ich bestellte mir nur einen Kaffee, **denn** ich kann Hamburger und Pommes frites überhaupt nicht leiden. **Obwohl** ich keine Schnellrestaurants mag, tue ich den Kindern schon mal den Gefallen **und** spendiere ihnen ein Kindermenü. **Sowohl** Cola als auch Pommes haben wir nie zu Hause, **deshalb** mögen sie das im Schnellrestaurant besonders gerne. **Wenn** wir wieder zu Hause sind, essen wir gesunde Sachen: Äpfel **und** Bananen essen wir täglich, **aber** Birnen mögen wir alle nicht.

78 **Adverbien:** heute Morgen, kaum, überall, noch, wieder einmal, abends, unten;
Präpositionen: in (im), von, zu, zu (zur), von, mit, aus;
Konjunktionen: als, während, und;
Interjektionen: Mmh, Ääääääh, Tja

6 Die Wortbildung

79 a) der Autofahrer;
b) die Anlageberaterin;
c) das Aktienpaket;
d) die Schuldnerberatung

80 a) zitronengelb: Adjektiv;
b) Hochrechnung: Substantiv;
c) Fertiggericht: Substantiv;
d) riesengroß: Adjektiv

81 a) die Ohrenärztin;
b) der Freundeskreis;
c) das Schmerzensgeld;
d) der Aktienkurs;
e) das Bewerbungsschreiben;
f) der Bilderrahmen

82 **Adjektive:** spindeldürr, eiskalt, haushoch, geistreich, staubtrocken, pfeilschnell, taghell, handfest; **Substantive:** Braunbär, Gutschein, Geheimtipp, Reitstiefel, Drehbuch, Lesebrille, Gehweg, Fahrzeit

83 **Präfixe:** auf – vor – zu – ein – ver – ent – ab;
Wortstämme: gabe – fall – nahme – gang – kauf – schluss – fluss

84 Vorgabe, Vorgang;
Zufluss, Zufall, Zugabe, Zugang;
Einkauf, Einfall, Eingabe, Einnahme;
Verfall, Vergabe, Verschluss;
Entnahme;
Abfall, Abgabe, Abgang, Abnahme, Abschluss

85 a) die Schönheit;
b) die Fähigkeit;
c) der Reichtum;
d) die Verwandtschaft;
e) die Einigkeit, die Einigung;
f) die Gleichheit, das Gleichnis, die Gleichung

86 a) wunderbar, wunderlich, wundersam;
b) furchtbar, furchtsam;
c) windig;
d) dauerhaft;
Suffixe: -bar, -lich, -sam, -ig, -haft

87 a) krank (Adjektiv);
b) Ernst (Substantiv) oder ernst (Adjektiv);
c) Bruchstück (Substantiv);
d) Trieb (Substantiv);
e) glauben (Verb);
f) Beispiel (Substantiv)

88 a) BAföG;
b) BGB;
c) FCKW;
d) HDTV;
e) Akku;
f) BIP;
g) Kripo;
h) DNS

89 a) Gesellschaft mit beschränkter Haftung;
b) Straßenverkehrsordnung;
c) Kraftfahrzeug;
d) Rehabilitation

7 Die Satzglieder und das Prädikat

90 b) nutzen; c) geht; d) besuche; e) machen; f) grillen

91 a) Unsere Chefin kann gut kalkulieren.
b) Die Kundin stand schon vor der Öffnungszeit vor der Bank.
c) Früher sind wir im Verkauf besser gewesen.
d) Der Fleißige wird mit Erfolg belohnt werden.
e) Wir mussten uns vier lange Vorträge anhören.
f) Zum Skat braucht man drei Personen.
g) Beim Meeting habe ich Protokoll geschrieben.
h) Sie strömten zu Tausenden zur Wiedereröffnung unserer Filiale.

92 a) Ich habe; b) Wir nagen; c) Er macht; d) Ihr bleibt

93 a) fährt, bleibt; b) bastelt, nutzt; c) mag, verbringt; d) findet, herstellt

94 Versuchen – benötigen – lohnt – mahlt – verrührt – siebt – gibt hinzu – verknetet – rollt – setzt – bäckt

95 **Lösungsvorschlag:**
Vanessa ließ den Kopf hängen: Die Haare, die sie so lange hatte wachsen lassen, waren ab! Ihr Traum von einer Frisur, mit der sie Miss Germany werden könnte, war zerplatzt. Sie war verzweifelt. Konnte sie so nach Hause zurückkehren? Als sie dort ankam, stellte sie sich zuerst vor den Spiegel und dachte darüber nach, welche Frisur ihr jetzt noch stehen würde. Sie kam auf die Idee, dass sie die Haare hochstecken könnte.

96 **Lösungsvorschlag:** a) Die Frau | trat | auf die Straße. – Ersatzprobe: Sie ging hinaus.
b) Dieses Spiel | war | ein großer Erfolg. – *Umstellprobe:* Ein großer Erfolg war dieses Spiel. – *Ersatzprobe:* Es endete erfolgreich.
c) Gestern | fand | ich | eine kleine Münze | auf dem matschigen Boden. – *Umstellprobe:* Ich | fand | gestern | auf dem matschigen Boden | eine kleine Münze. – *Ersatzprobe:* Vorgestern sah ich sie dort.

97 a) Ihr Sohn Lukas und sein neuer Freund Ben;
b) seine Eltern;
c) „fish and chips";
d) viele bekannte Persönlichkeiten als lebensgroße Wachsfiguren;
e) sie (die Eltern);
f) die Gastgeber

98 a) Sie: Subjekt – hat getragen: Prädikat – die schwere Tüte: Akkusativobjekt
b) Die Abmahnung: Akkusativobjekt – hat zu verdanken: Prädikat – sie: Subjekt – ihrem Kollegen Sebastian: Dativobjekt
c) Um den Praktikanten: Präpositionalobjekt – hat sich gekümmert: Prädikat – Tobias: Subjekt

99 b) Viele | Menschen | vertrauten | *dieser Heilerin.* **Wem vertrauten viele Menschen?** Dieser Heilerin (DO).
c) Drei Ärzte | versuchten, | *dem kranken Bürgermeister* | zu helfen. **Wem versuchten drei Ärzte zu helfen?** Dem kranken Bürgermeister (DO).
d) Doch | *kein Arzt* | wusste | Rat. **Wer wusste Rat?** Kein Arzt (S).
e) Da | bat | die Frau des Kranken | die Heilerin | *um Hilfe.* **Worum bat die Frau des Kranken die Heilerin?** Um Hilfe (PO).
f) Die Heilerin | gab | der Frau | bereitwillig | *die rettende Medizin.* **Was gab die Heilerin der Frau bereitwillig?** Die rettende Medizin (AO).
g) Später | wurde | die Heilerin | *der Hexerei* | angeklagt. **Wessen wurde die Heilerin später angeklagt?** Der Hexerei (GO).
h) Nun | bedurfte | sie | *der Hilfe des Bürgermeisters.* **Wessen bedurfte sie nun?** Der Hilfe des Bürgermeisters (GO).
i) Doch | dieser | hatte | *die Tat der Heilerin* | vergessen. **Was hatte dieser vergessen?** Die Tat der Heilerin (AO).
j) *Die Frau* | wurde | am 14. 4. 1169 | auf dem Scheiterhaufen | verbrannt. **Wer wurde am 14. 4. 1169 auf dem Scheiterhaufen verbrannt?** Die Frau (S).

100 **Lösungsvorschlag:**
a) vor unserer Chefin – Vor wem fürchtet sich Theo?
b) für einen Lügner – Wofür halte ich ihn?
c) auf ein Wunder – Worauf kann man hoffen?
d) zu einer guten Auszubildenden – Wozu entwickelt sich Sarah?

101 a) Ich warte auf die Entscheidung der Chefin.
b) Er drückte sich gepflegt aus.
c) Wir kümmerten uns um unsere neue Auszubildende.
d) Auf der Flucht warf der Dieb seine Beute weg.
e) Die Gesellen hatten die Hilfe des Meisters nötig.
f) Dem Patienten wurde das Rauchen abgewöhnt.
g) Der Dieb stahl die Tasche der Passantin.

102 a) Heute gegen 12.30 Uhr.
b) Auf der viel besuchten Hochstraße.
c) Mit einem Fahrrad.
d) Lautlos wie eine Katze.
e) Nur ungefähr zehn Minuten.
f) Genauestens.
g) Schon seit einer Stunde.
h) Mithilfe einer Waffe.

103 b) Wo öffneten riesige Lichtspielhäuser? (lokal)
c) Wie schauten sich die Besucher die laufenden Bilder auf der Leinwand an? (modal)
d) Wodurch war der Siegeszug des Kinos nicht mehr aufzuhalten? (instrumental)
e) Warum verteufelten die älteren Menschen das Kino? (kausal)

104 a) auf dem riesigen Platz: adverbiale Bestimmung;
b) aus den umliegenden Dörfern: Attribut;
c) im nahe gelegenen Großmarkt: adverbiale Bestimmung;
d) aus dem Großmarkt: Attribut – aus weit entfernten Ländern: adverbiale Bestimmung;
e) Auf dem Großmarkt: adverbiale Bestimmung – aus weit entfernten Ländern: Attribut

105 a) AB; b) PO, AB; c) AB, PO; d) PO, AB

106 a) mit großer Sorgfalt: adverbiale Bestimmung (AB);
b) über exzellentes Fachwissen: präpositionales Objekt (PO);
c) mit dem Werkzeug: Attribut (ATT);
d) durch die gute Zusammenarbeit: adverbiale Bestimmung (AB); in weniger als zwei Stunden: adverbiale Bestimmung (AB)

8 Einfache und komplexe Sätze

107 b) Aussagesatz (.);
c) Fragesatz (?);
d) Aussagesatz (.);
e) Fragesatz (?);
f) Aufforderungssatz (!);
g) Fragesatz (?);
h) Aussagesatz (.);
i) Aufforderungssatz (!);
j) Aussagesatz (.);
k) Aussagesatz (.)

108 **Aussagesatz:** zweite Satzgliedstelle; **Fragesatz:** erste oder zweite Satzgliedstelle; **Aufforderungssatz:** erste Satzgliedstelle

109 Satz c): Entscheidungsfrage;
Satz e): Ergänzungsfrage;
Satz g): Ergänzungsfrage

110 **Frage:** „Fährst du weiter?“ **Aufforderung:** „Fahr weiter!“ **Feststellung:** „Du fährst weiter.“

111 a) und; b) denn; c) aber; d) doch – denn; e) und

112 a) daraufhin (temporal);
b) dadurch (konsekutiv);
c) dennoch (konzessiv);
d) dazu (modal);
e) deswegen (kausal);
f) trotzdem (konzessiv)

113 a) Weil ich den Zug verpasst hatte, kam ich zu spät zur Arbeit. Ich kam, weil ich den Zug verpasst hatte, zu spät zur Arbeit.
b) Sie las in aller Ruhe ein Buch, während ihr Mann das Wohnzimmer saugte. Sie las, während ihr Mann das Wohnzimmer saugte, in aller Ruhe ein Buch.

114 a) Der Zug hatte fast eine halbe Stunde (HS) Verspätung, sodass alle Leute (NS 1, Teil 1), die mit dem Zug zur Arbeit fahren (NS 2), zu spät kamen (NS 1, Teil 2).
b) Heute Morgen (HS, Teil 1), bevor ich zur Arbeit ging (NS 1), öffnete ich das Fenster (HS, Teil 2), das zur Straße zeigt (NS 2).
c) Gestern Abend (HS, Teil 1), als ich mein Abendbrot (NS 1, Teil 1), das ich mir nett angerichtet hatte (NS 2), aß (NS 1, Teil 2), klingelte es an der Tür (HS, Teil 2).

115 a) Er möchte nicht, dass wir ihm helfen.
b) Um die Streitfrage zu klären, führten wir eine Diskussion.
c) Nachdem wir gegessen hatten / Als das Essen beendet war, tranken wir Tee.
d) Indem er die Zuhörer begrüßte, begann er seine Rede.
e) Weil es regnet, gehen wir nicht wandern.

9 Die Nebensätze

116 a) Das Haus der Geschichte in Bonn ist ein Museum, das über die Geschichte der Bundesrepublik Deutschland informiert.
b) Am Eingang haben wir Audioguides zum Umhängen erhalten, mit denen man durch die einzelnen Jahrzehnte geführt wurde.
c) Sehr interessant fanden wir eine Abteilung, in der es um die Zeit kurz nach dem Zweiten Weltkrieg ging.

117 b) sodass er sehr zufrieden war – sehr zufrieden seiend;
c) weil er sehr nervös war – Nervosität zeigend;
d) indem er Geschicklichkeit bewies – Geschicklichkeit beweisend;
e) sodass die Zuschauer begeistert waren – die Zuschauer begeisternd

118 a) Du hast mir zugesagt, dich um diese Angelegenheit zu kümmern.
b) Er hatte sich doch vorgenommen, eine Belobigung zu schreiben, oder täusche ich mich?
c) Ich versichere dir, diese Lügerei nicht mehr länger zu unterstützen.
d) Herr Moll geht davon aus, seinen Chef enttäuscht zu haben.
e) Sie lud mich ein, mit ihr zu Mittag zu essen.
f) Der Meister forderte seine Azubis auf, in der Schule aufzupassen.

119 a) Viele Stadtbewohner nehmen sich vor, das Fahrrad zu benutzen.
b) Es ärgert sie, ständig im Stau zu stehen.
c) Durch die zusätzliche Bewegung arbeiten viele daran, einige Kilo abzunehmen.
d) Besonders für Büroangestellte ist es wichtig, etwas für die Fitness zu tun.
e) In der Mittagspause fasst auch Herr Klein den Vorsatz, sich täglich zu bewegen.
f) Er ist wild entschlossen, sich ein Mountainbike zu kaufen.
g) Sein Kollege rät ihm, Kickboard zu fahren.
h) Er findet es nämlich unpraktisch, immer das teure Sportgerät abschließen zu müssen.

120 a) Weil er durch die Redegewandtheit des Verkäufers überrumpelt wurde, ...;
b) Als er aus dem Kaufrausch erwacht ist, ...;
c) Frau Klein, die kein Verständnis für den teuren Kauf hat, ...;
d) Weil ihn der Streit mit seiner Frau angespornt hat, ...

121 a) Jeden Abend um kurz vor acht zeigt uns der Wetterbericht im Fernsehen, wie am darauffolgenden Tag das Wetter wird.
b) Durch Beobachtung und Erhebung physikalischer Daten können die Meteorologen voraussagen, ob es am nächsten Tag schönes oder regnerisches Wetter geben wird.
c) Natürlich können sie nicht garantieren, dass ihre Voraussagen richtig sind.
d) Wann die Wetterfronten über Deutschland hinwegziehen, hängt von der Großwetterlage ab.
e) Aus den Wetterdaten der Satelliten das Wetter exakt vorherzusagen, fällt jedoch schwer.
f) Immer wieder kommt es vor, dass unerwartete Entwicklungen die Berechnungen über den Haufen werfen.
g) Dass man sich sicher auf den Wetterbericht verlassen kann, wünschen sich nicht nur die Leute, die einen Urlaub planen.
h) Vor allem die Landwirte möchten im Sommer wissen, ob sie ihr Land bewässern müssen oder ob es am nächsten Tag Regen gibt.
i) Auch kann der Wetterbericht bei der Frage helfen, wann sie mit der Ernte beginnen sollen.
j) Doch leider wird es nie ganz gelingen, das Wetter richtig vorauszusagen.

122 b) Objektsatz, indirekter Fragesatz;
c) Objektsatz, Konjunktionalsatz / dass-Satz;
d) Subjektsatz, indirekter Fragesatz;
e) Subjektsatz, Infinitivsatz;
f) Subjektsatz, Konjunktionalsatz / dass-Satz;
g) Objektsatz, Konjunktionalsatz / dass-Satz;
h) Objektsatz, indirekter Fragesatz;
i) Objektsatz, indirekter Fragesatz;
j) Subjektsatz, Infinitivsatz

123 a) wo sie freundlich und zuvorkommend bedient werden: Lokalsatz (Adverbialsatz);
b) Dass die lebensgefährlichen Pocken weltweit ausgerottet sind: Objektsatz;
c) Wer als Chef hilfsbereit und freundlich ist: Subjektsatz;
d) wo sie 1908 als Tochter eines Landwirts geboren wurde: Lokalsatz (Adverbialsatz);
e) ob diese Filiale zu Recht so berühmt ist: Objektsatz

124 a) Der Streckenposten, **der im Dienst ist / der Dienst hat,** muss ...
b) Die Aufschrift, **die auf dem Auto steht,** wirbt ...
c) Zum Schluss ... wird überprüft, ob das Auto, **das der Sieger gefahren hat,** den Regeln entspricht.
d) Der Motorsportler, **der gewonnen hat,** wird mit einem Pokal ...

125 b) weil es dort einen schönen Park gibt, in dem das Sommerhaus von Goethe liegt,
c) weil dort viele Straßenmusikanten die Besucherinnen und Besucher unterhalten,
d) weil man im Café am Marktplatz den weltbesten Mohnkuchen essen kann,
e) weil viele alte Häuser gut und geschmackvoll renoviert sind.

126 a) Er soll direkt zur Praxis kommen, weil die Ärztin sich bemühen will, das Stück wieder anzukleben.
b) Weil ein Patient seinen Termin abgesagt hat, kann Martin sofort in eines der Behandlungszimmer gehen.
c) Es gelingt der Zahnärztin, den beschädigten Zahn wieder zu reparieren, weil Martin früh genug zur Praxis gekommen ist.

127 Frauen genießen während der Schwangerschaft und nach der Geburt einen besonderen Schutz, **wenn sie in einem Arbeitsverhältnis stehen. ... Wenn es sich um medizinische Frühgeburten und Mehrlingsgeburten handelt,** endet die Mutterschutzfrist zwölf Wochen nach der Entbindung. Die Mutterschutzfrist verlängert sich nach der Geburt um die Tage, die vor der Entbindung nicht in Anspruch genommen werden konnten, **wenn eine medizinische Frühgeburt entbunden wird.** Die werdende Mutter behält ihren bisherigen Durchschnittsverdienst (Mutterschutzlohn), **wenn ihr ein Beschäftigungsverbot auferlegt wird.**

128 a) Bevor sie beginnen konnte, ... = nachzeitig; b) Als sie das Werkzeug gefunden hatte, ... = vorzeitig; c) Während sie die Musik ihrer Lieblingsband hörte, ... = gleichzeitig; d) ..., ehe sie ihr Büro wieder verließ. = nachzeitig; e) Als sie gerade fertig geworden war, ... = vorzeitig

129 Das Redaktionsteam trifft sich zum letzten Mal, damit es die Festschrift heute fertigstellen kann. • Frau Eschen erinnert alle immer wieder daran, konzentriert zu arbeiten, damit sie heute Abend noch gemeinsam den Abschluss feiern können. • Herr Lost lässt das Rechtschreibprogramm über die Texte laufen, um sich den ersten Korrekturgang zu ersparen. • Die Volontärin hat schon mit einem Copyshop verhandelt, damit das Werk so schnell wie möglich kopiert werden kann. • Der Praktikant hat zur Redaktionssitzung selbst gebackene Muffins mitgebracht, damit keiner vor lauter Hunger früher nach Hause geht. • Frau Hensel hat vor, in der nächsten Woche die alte Abteilungsleiterin zu besuchen, um ihr die Festschrift zuerst zu übergeben.

130 a) Obwohl die Zahl der Staus zunimmt, ...;
b) Obwohl es gefährlich ist, ...;
c) Obwohl die Benzinpreise steigen, ...;
d) Obwohl an der Kreuzung ein Stoppschild steht, ...;
e) Obwohl es vorgeschrieben ist, ...
In allen Fällen sind auch die Konjunktionen *obgleich* und *obschon* möglich.

131 a) temporal; b) adversativ; c) adversativ / temporal; d) konditional

132 a) Der Vorsitzende hatte keinen Nachfolger bestimmt, sodass man einen engen Vertrauten des Vorsitzenden zum Leiter des Unternehmens ernannte.
b) Der Nachfolger wurde jedoch nicht von allen Subunternehmen anerkannt, sodass er mit einigen harte Auseinandersetzungen führen musste.
c) Die kritischen Subunternehmen passten sich an, sodass der neue Vorsitzende das Unternehmen noch erweitern konnte.

133 Dadurch, dass die Bauern in sehr ärmlichen Verhältnissen lebten, ... • ..., indem sie auf bewährte Hausmittel und Kräuter zurückgriffen. • Ohne dabei auf Sauberkeit und gute Ernährung zu achten, ... • ..., ohne dass sie eine Schule besuchten und Rechnen und Schreiben lernten. • ..., indem man sie als Knechte und Mägde zu reichen Bauern schickte. • Dadurch, dass sie im Alter von vierzehn Jahren in die Gemeinschaft der „Burschen" aufgenommen wurden, ... • ..., wobei sie unter Aufsicht einer älteren Frau Wolle spannen.
Konjunktionen: dadurch, dass; indem; ohne zu; ohne dass; indem; dadurch, dass; wobei

134 a) Die Tochter verkauft auf dem Markt die Schurwolle des letzten Frühjahrs, wodurch sie genug Geld erhält, um einen Arzt für ihre kranke Mutter bezahlen zu können.
b) Der Arzt kommt zu ihnen nach Hause, wobei er auch die entsprechenden Medikamente mitbringt.
c) Die Tochter verabreicht ihrer Mutter die Medizin, ohne zu vergessen, abgekochtes Wasser zu verwenden.
d) Die Mutter nimmt die Medizin, wodurch sie neue Kräfte gewinnt.

135 a) Indem sie sich sportlich betätigen, tun sie auch ... (Modalsatz)
b) Damit sie zu großen Erfolgen gelangen, trainieren sie ... (Finalsatz)
c) Weil er grob foul gespielt hatte, bekam ein Spieler ... (Kausalsatz)
d) Wenn das Spiel zu Ende ist, denkt der Profi ... (Temporalsatz)

10 Direkte und indirekte Rede

136 a) David sagt: „Ich freue mich auf unsere Betriebsfeier." David sagt, er freue sich auf ihre Betriebsfeier.
b) Celia bemerkt: „Ich freue mich besonders aufs Tanzen." Celia bemerkt, sie freue sich besonders aufs Tanzen.

c) Leon sagt: „Ihr denkt wohl an nichts anderes mehr." Leon sagt, sie dächten wohl an nichts anderes mehr.

137 a) Personalpronomen: ich, er; Reflexivpronomen: mich, sich; Possessivpronomen: unsere, ihre;
b) Personalpronomen: ich, sie; Reflexivpronomen: mich, sich;
c) Personalpronomen: ihr, sie

138 ich —" er, mich —" sich, unsere —" ihre,
ich —" sie, mich —" sich, ihr —" sie

139 Leon und Celia sind die ersten Gäste auf der Betriebsfeier. David als Vorsitzender des Festausschusses begrüßt die beiden und sagt, **er sei** gerade mit allen Vorbereitungen fertig. **Er könne** noch gar nicht glauben, dass **er** alles rechtzeitig geschafft **habe.** Auch **ihre** Stereoanlage **sei** schon komplett aufgebaut. Celia **habe ihnen** zum Glück noch die beiden Lautsprecherboxen geliehen. **Ihr** Vorstandsvorsitzender **sei** übrigens doch mit **seinen** Kollegen auf die Konferenz gefahren. **Sie könnten** also entspannt feiern. **Er freue sich** schon so auf **ihr** Fest.

140 a) **Personalpronomen:**

Dir. Rede	Indir. Rede
1. ich	er
2. ich	er
3. ich	er
4. du	–
5. uns	ihnen
6. wir	sie
7. ich	er

b) **Possessivpronomen:**

1. unsere	ihre
2. unser	ihr
3. seinen	seinen
4. unser	ihr

c) **Reflexivpronomen:**

1. mich	sich

141 Der Buchhändler erzählt dem Auszubildenden, seit Jahren **läsen** viele Erwachsene die Bücher über Harry Potter und **seien** sehr begeistert, obwohl es doch eigentlich Kinderbücher **seien.** Aber in diesen Büchern **stecke** so viel Fantasie, gebe es so viele zauberhafte Einfälle, dass man sich dem kaum entziehen **könne.** Harry Potter sei nämlich ein Zauberlehrling. Er **gehe** zusammen mit seinen Freunden auf eine ganz besondere Schule, auf der sie **lernten/lernen würden,** ihre Zauberfähigkeiten zu entfalten und richtig einzusetzen. Sie **würden** solche Unterrichtsfächer wie „Zaubertrank", „Der Umgang mit magischen Tieren" oder auch „Besenflug" **lernen. (Sie lernten ...)** Dabei **sei** Harry Potter aber auch unter den anderen Zauberlehrlingen jemand ganz Besonderes. Und deshalb **würden** ihm immer wieder böse Mächte nach dem Leben **trachten. (Und deshalb trachteten ...)** So **erlebe** er immer besonders aufregende und spannende Abenteuer. Die Bücher **böten** also fesselnden Lesestoff, von dem man nicht genug bekommen **könne.**

142 a) Ergänzungsfrage;
b) Entscheidungsfrage

143 a) Jan fragt sich, ob er wieder so nette Kolleginnen und Kollegen haben werde / wird.
b) ..., wie viele Umzugskisten sie wohl brauchen werden.
c) ..., wann er uns mal wieder besuchen kann / könne / wird besuchen können / werde besuchen können.

144 a) Meine Kollegin hat mich gefragt „Kommst du mit mir zum Essen?"
b) Der Chef wollte wissen: „Welche Abteilung hat das beste Ergebnis erzielt?"
c) Der Kunde fragt nach: „Können Sie den Preis garantieren?"

11 Abschlusstest

145 a) ich bin gelaufen: 1. Person Singular Perfekt;
b) sie hatte gerechnet: 3. Person Singular Plusquamperfekt;
c) wir trinken: 1. Person Plural Präsens;
d) sie tanzten: 3. Person Plural Präteritum;
e) sie werden sich verspätet haben: 3. Person Plural Futur II;
f) du wirst lachen: 2. Person Singular Futur I

146 a) Aktiv. Passiv: Die Aussage wird vom Zeugen widerrufen werden.
b) Passiv. Aktiv: Die Beteiligten stellen Tatsachen oft verfälscht dar.
c) Aktiv. Passiv: Das Verbrechen wird vom Täter zugegeben werden.
d) Aktiv. Passiv: Auch seine Mitwisser werden von ihm belastet werden.
e) Passiv. Aktiv: Der Richter erlässt ihnen die Strafe.
f) Aktiv. Passiv: Die Gerichtsverhandlung wird von ihnen in Erinnerung behalten werden.

147 a) sie rufe; b) du lebest; c) ihr träumet; d) er spiele; e) er habe gelacht; f) du seist gegangen

148 a) ich ging, ich bin gegangen, sie sind gegangen, sie haben gekauft, sie sind gekauft worden
b) er rufe, wir rufen, wir rufen, wir werden gerufen, wir werden gerufen worden sein

149 **Verben:** kennen, unterbieten, kaufen, finden;
Pronomen: ich, mein, wir, ihre;
Adjektive: täglich, viel, kompliziert, blau;
Substantive: Bank, Akte, Kenner, Männer, Schere

150

Singular	**Pers.-pron.**	**Präsens**
1. Person	ich	laufe
2. Person	du	läufst
3. Person	er / sie / es	läuft

Präteritum	**Perfekt**	**Futur I**
lief	bin gelaufen	werde laufen
liefst	bist gelaufen	wirst laufen
lief	ist gelaufen	wird laufen

151 a) ich lese – ich las – ich lag – ich habe gelegen – er hat gelegen – sie haben gelegen
b) der Haut – der Haut – dem Verkäufer – den Verkäufern – die Verkäufer – die Bücher

152 a) Der **Komparativ** ist kein Kasus.
b) Der **Genitiv** hat nichts mit Steigerung zu tun.
c) Das **Pronomen** hat nichts mit Verben zu tun.
d) Der **Imperativ** hat nichts mit Substantiven zu tun.

153 a) Possessivpronomen; b) Artikel;
c) Substantiv; d) Konjunktion; e) Präposition;
f) Verb; g) Adjektiv; h) Personalpronomen

154 **Substantive:** Ausbilderin, Arbeit, Glückwunsch, Praxis, Werkstück, Mühe, Kollegen, Beifall, Leistung
Verben: kam, lächelte ... an, haben ... abgeliefert, war, hatte ... aufgebracht, klatschten
Adjektive: beste, Herzlichen, gut, viel, großartigen
Pronomen: Meine, mir, mich, Sie, ich, dieses, ich, Meine, meiner
Präpositionen: zu, in, für, wegen
Konjunktionen: und, aber
Artikel: die, der
Adverbiale Bestimmung: Normalerweise, nicht

155 **Lösungsvorschlag:**
a) Der Maurer baut.
b) Der Maurer baut ein neues Haus.
c) Der neue Computer gehört meinem Chef.
d) Ich schenke meiner Mutter einen Strauß Blumen.
e) Marco telefoniert mit seiner neuen Kollegin.
f) Der Detektiv sucht mit einer Lupe nach einem Beweis.
g) Der Autofahrer fragt den Polizisten nach dem richtigen Weg.

156 a) Am Anfang des Markttages (adv. Best.) liefern (P) die geschäftstüchtigen Händler (S) ihre Waren (O) auf dem riesigen Platz (adv. Best.) an (P).
b) Natürlich (adv. Best.) hoffen (P) alle (S) auf ein gutes Geschäft (O).
c) Verführerische Gerüche (S) begeistern (P) die Besucher des Marktes (O) sofort (adv. Best.).
d) Gerne (adv. Best.) probieren (P) interessierte Kunden (S) exotische Speisen aus der Türkei (O).
e) Besonders farbenprächtig (adv. Best.) sind (P) die Stände der Blumenhändler (S).
f) Die ganz besondere Farbenpracht der Blüten (S) erfreut (P) die Besucher (O).

157 **Verben** bezeichnen Handlungen oder Vorgänge: *sagen, prüfen;*
Substantive bezeichnen Lebewesen und Dinge: *Weisheit, Attest;*
Adjektive beschreiben Eigenschaften oder Merkmale: *teuer, groß;*
Pronomen stehen stellvertretend für ein Substantiv: *das, sie, ihn;*
Adverbien liefern Informationen über die Umstände: *morgen, dort;*
Präpositionen kennzeichnen Beziehungen: *auf, über;*
Konjunktionen verbinden Wörter und Sätze miteinander: *und, denn, weil;*
Interjektionen sind im Satz isolierte Ausrufe: *ah, oje, pfui*

158 weil – dass – Wenn – sobald / nachdem – Obwohl – sodass – Nachdem / Sobald

159 **Lösungsvorschlag:**
Unser Seniorchef, ein schon über siebzigjähriger Herr, mag es nicht, wenn unvorhergesehene Dinge passieren, die seinen Tagesablauf durcheinanderbringen. So bringt er es fertig, spontane Besucher, die sich nicht angekündigt haben, vor der Tür stehen zu lassen, auch wenn das sehr unhöflich wirkt. Daher kommt kaum jemand, der ihn von früher kennt, noch einfach so vorbei, weil alle vor ihm größten Respekt haben. Doch das stört ihn, der immer schon sehr eigenwillig war, nicht, denn ihm ist seine Ruhe viel lieber, nachdem er sein ganzes Arbeitsleben lang viel Stress

hatte. Irgendwie sind seine Eigenarten, die viele fürchten, aber auch bewundernswert, obwohl sie zunächst sehr abschreckend wirken.

160 a) = B; b) = C; c) = D; d) = A; e) = A; f) = C; g) = B; h) = A; i) = B

161 a) Sie dürfen sich in Gaststätten aufhalten, wenn eine erziehungsberechtigte Person sie begleitet oder wenn sie eine Mahlzeit oder ein Getränk einnehmen.
b) Absatz 1 gilt nicht, wenn Kinder oder Jugendliche an einer Veranstaltung eines anerkannten Trägers der Jugendhilfe teilnehmen oder wenn sie sich auf Reisen befinden.

162 a) In der indirekten Rede wird in der Regel der Modus des Konjunktivs I verwendet.
b) Wenn die Form des Konjunktivs I mit der des Indikativs identisch ist, wird sie durch die Form des Konjunktivs II ersetzt.
c) Mit *würde* wird umschrieben, wenn die Form des Konjunktivs II mit der des Indikativs (Präteritum) identisch ist.
d) Sowohl Personal- als auch Possessivpronomen, die in der direkten Rede in der 1. Person stehen, erscheinen in der indirekten Rede in der 3. Person.
e) Imperative werden durch die Modalverben *sollen* oder *mögen* wiedergegeben.
f) Konjunktiv I Präsens: Gleichzeitigkeit,
Konjunktiv I Perfekt: Vorzeitigkeit,
Konjunktiv I Futur: Nachzeitigkeit

Glossar

Adjektiv Eigenschaftswort; *tapfer, teuer, anstrengend*
Adverb Umstandswort; *überall, freitags, ungefähr*
Akkusativobjekt Satzglied im 4. Fall (Wen? / Was?); *ihn, einen Kurs*
Aktiv Handlungsrichtung des Verbs; *Sie **zählen** das Geld.*
Apposition Zusatz, Beisatz; *Eva, **die neue Kollegin**, ist nett.*
Artikel Geschlechtswort, Begleiter;
- bestimmter *der Chef, die Bank, das Auto*
- unbestimmter *ein Chef, eine Bank, ein Auto*

Attribut Beifügung zu Subjekten, Objekten, adverbialen Bestimmungen; *ein **schlechter** Scherz*
Dativobjekt Satzglied im 3. Fall (Wem?); *ihm, einem Kunden*
Deklination (deklinieren) Anpassung eines Wortes an Genus, Numerus und Kasus
Demonstrativpronomen hinweisendes Fürwort; ***dieses** Mal, **jene** Kasse*
Femininum grammatisches Geschlecht: weiblich; *die Kurve*
Flexion (flektieren) ↑Deklination oder ↑Konjugation
Futur Zukunftsform eines Verbs; *ihr **werdet lachen***
Genitivobjekt Satzglied im 2. Fall (Wessen?); *Er nahm sich **des Problems** an.*
Genus grammatisches Geschlecht (↑Maskulinum, ↑Femininum, ↑Neutrum)
Genus Verbi ↑Aktiv oder ↑Passiv
Hauptsatz selbstständiger Satz; *Sie bauen ein Haus.*
Hilfsverb Teil einer zusammengesetzten Verbform; *sein, haben, werden*
Imperativ Befehlsform; *Geht!, Merke dir!, Gehen Sie!*
Indikativ Wirklichkeitsform des Verbs; *Sie **lesen** die Bilanz.*
Infinitiv Grundform des Verbs, *hören, berechnen*
Interjektion Empfindungs-, Ausrufewort; *oje, miau, hui*
Kasus Fall: Nominativ, Genitiv, Dativ, Akkusativ
Konjugation (konjugieren) Beugung des Verbs; *wir gehen, du kassier**test***
Konjunktion Bindewort; *und, oder, weil*
Konjunktiv Möglichkeitsform des Verbs; *Sie **wünschte**, sie **wäre** reich.*
Maskulinum grammatisches Geschlecht: männlich; ***der** Käfig*
Modalverb Verb, das ausdrückt, dass etwas möglich, notwendig, gewollt oder erlaubt ist; *dürfen, können, mögen, müssen, sollen, wollen*
Modus Aussageweise des Verbs: ↑Indikativ, ↑Konjunktiv, ↑Imperativ
Nebensatz untergeordneter Teilsatz an der Stelle eines Satzgliedes (= Gliedsatz) oder Attributs (= Attributsatz); ***Als er ging**, brannte die Lampe noch, **die am Fenster stand**.*
Neutrum grammatisches Geschlecht: sächlich; ***das** Geld*
Nomen ↑Substantiv; *die Bank, das Glück*
Nominativ 1. Fall (Wer?/Was?); *der Kunde, die Büros*
Numerus Zahl eines Substantivs: ↑Singular, ↑Plural; *die Bank – die Banken*
Objekt Ergänzung zum Prädikat; Satzglied; *Sie zählten **das Geld**.*
Passiv Handlungsrichtung des Verbs; *Das Geld **wird gezählt**.*
Perfekt vollendete Gegenwartsform; *Sie **haben gezählt**.*
Personalpronomen persönliches Fürwort; *ich, du, er/sie/es, wir, ihr, sie*
Plural Mehrzahl; *die Kassen*
Plusquamperfekt vollendete Vergangenheitsform; *Sie **haben** den Bericht **gelesen**.*
Possessivpronomen besitzanzeigendes Fürwort; *mein, deine, unsere*
Prädikat Satzaussage; *Sie **haben** den Bericht **gelesen**.*
Präfix Vorsilbe; ***be**stehen, **ver**folgen, **zer**legen*
Präposition Verhältniswort; *am, durch, mit*
Präsens Gegenwartsform; *Sie **lesen** den Bericht.*
Präteritum Vergangenheitsform; *Sie **lasen** den Bericht.*
Pronomen Fürwort; *welcher, diese, du*
Reflexivpronomen rückbezügliches Fürwort; *mich / mir, dich / dir, sich, uns, euch, sich*
Relativpronomen bezügliches Fürwort; *der, die, das, welcher, welche, welches*
Satzglied Bausteine eines Satzes: Wort, Wortgruppe oder Gliedsatz; *Sie | lesen | die erste Bilanz.*
Singular Einzahl; *der Kunde*
Steigerung Komparation; *schneller —" am schellsten*
Subjekt Satzgegenstand; ***Der Chef** trägt eine Brille.*
Substantiv Nomen, Hauptwort; *die Bank, der Mann, das Geld*
Suffix Nachsilbe; *heil**bar**, erklär**lich**, dieb**isch***
Tempus Zeitform des Verbs
Verb Tätigkeitswort, Zeitwort; *lesen, gehen, arbeiten*
Vollverb Verb, das allein das Prädikat bilden kann; *sehen, rechnen, buchen*

Register